DÉSIR DE VILLES

ERIK ORSENNA
de l'Académie française
NICOLAS GILSOUL

DÉSIR DE VILLES

Petit précis de mondialisation V

Robert
Laffont

Ouvrage édité par Jean-Luc Barré

ISBN 978-2-221-19275-7
Dépôt légal mars 2018

« Il vient à l'homme qui chevauche longtemps
au travers de terrains sauvages le désir d'une ville. »

Italo Calvino, *Les Villes invisibles*

Introduction

Un jour, l'empereur de Chine Kublai Khan convoqua Marco Polo pour qu'il lui raconte les villes :

— Tu as dû en traverser de toutes sortes, depuis le temps que tu voyages !

— Les villes, comme les rêves, répondit le Vénitien, sont faites de désirs et de peurs, même si le fil de leur discours est secret, leurs règles absurdes, lcurs perspectives trompeuses…

Tel est le dialogue inventé par l'écrivain Italo Calvino. Comme beaucoup de ses confrères plumitifs, il se serait préféré architecte. Ce n'est pas construire que construire des histoires qui ne s'étendent que sur le papier…

Un jour, moi aussi, j'ai eu envie de raconter les villes. On peut ne pas être Marco Polo, loin s'en faut, mais tout de même un peu voyageur. Un voyageur hanté par un long poème de syllabes magiques : Hambourg, Seattle, Chongqing, Bordeaux, Le Caire, Bombay, Kinshasa, Florence, Samarcande et São Paulo, Kingston (Jamaïque) et Paimpol (Bretagne), Ushuaïa (cinquante-quatre degrés de latitude sud) et Longyearbyen (soixante-dix-huit degrés de latitude nord, deux mille cent quinze habitants).

C'est ainsi que j'ai rencontré mon double, celui que j'aurais voulu être. Non l'empereur de Chine, mais Nicolas Gilsoul, architecte et paysagiste. Nous nous sommes vite découvert la même folie : une passion pour les villes. Villes d'ici ou d'ailleurs, petites ou géantes, cauchemars ou bonheurs. Villes réelles ou inventées : le partage n'est pas toujours simple. « Il n'est pas dit, note Calvino, que Kublai Khan croie à tout ce que Marco Polo lui raconte… »

À ce jour, mars 2018, CINQUANTE agglomérations dépassent, sur notre planète, les dix millions d'habitants. Soixante-cinq millions à Hong Kong et dans les alentours de la rivière des perles ; quarante-deux millions pour Tokyo et son proche voisinage ; trente-cinq millions pour Jakarta…

Décidément, l'empereur de Chine avait raison : comment ne pas s'intéresser à cette haute et générale vague d'urbanisation ? Elle renverse tout sur son passage. D'ores et déjà, la moitié de nos compatriotes vivent en ville. Bientôt, dans quinze ans, dans vingt ans, ils seront les deux tiers…

Autre sagesse de Kublai Khan, autre motif d'imiter sa curiosité : rien ne ressemble plus à la vie qu'une ville !

Il était une fois la vie, il était une fois les villes.

Les deux histoires se mêlent puisque, presque tous, nous vivons désormais dans les villes… Alors les vies s'emboîtent : nos vies à nous dans la vie des villes.

Aucune comparaison n'est plus pertinente : toute ville est corps.

Un corps vivant.

C'est-à-dire un corps qui bouge, qui jamais ne s'arrête.

Comme la vie.

Un corps qui grandit ou se tasse avec l'âge.

Un corps qui n'est fait que de changements et de métamorphoses.

Un corps qui, en permanence, se construit et se déconstruit pour se construire à nouveau.

Qu'est-ce qui fait tenir debout un corps ou une ville ?

Des infrastructures, ou, si vous préférez, un squelette.

Qu'est-ce qui permet à une ville ou à un corps de vivre ?

Des réseaux, la plupart enfouis.

Ouvrez un corps, ouvrez le sol d'une ville : vous verrez d'abord des tuyaux.

Et savez-vous ce que fabriquent d'abord les cellules dont nous sommes constitués ?

De l'énergie.

Tout comme les villes.

Nos villes ne s'animent que par l'énergie qu'on leur offre : le chaud, le froid, les lumières, l'électricité.

Nos villes ont faim, tout comme nous.

Et tout comme nous, elles ont besoin d'être nourries.

Et pas seulement d'aliments matériels.

Il meurt, l'être humain qu'on empêche de rêver.

Elle se dessèche, la ville qu'on prive de s'imaginer plus grande, plus belle, plus joyeuse, plus fraternelle.

Parfois, souvent les villes se blessent.

Vous connaissez une vie sans blessures ?

Des inondations et des feux surviennent, de plus en plus souvent maintenant que le climat se dérègle.

Des tremblements agitent le sol, si forts qu'ils effondrent les maisons.

Alors il faut rebâtir, se rebâtir.

Il faut réparer, se réparer.

La vie, comme la ville, est en état de réparation permanente.

Savez-vous ce qu'est la résilience, cette force que nos villes vont devoir apprendre ?

Notre capacité à surmonter les chocs et l'adversité.

Parfois, souvent les villes se déchirent.

Vous connaissez une vie sans déchirures ?

Alors du matin jusqu'au soir, et plus encore la nuit, il faut ravauder, retisser.

La ville est une entreprise textile. Un patchwork dont les pièces, les quartiers comme les populations, doivent sans cesse être reliés.

La ville est une entreprise de transport.

Il peut être considéré comme mort, le corps dans lequel le sang ne circule pas.

Ainsi la ville. Sans mobilité de ses habitants, elle se fige, elle se pétrifie, adieu la vie fluide, bonjour les ghettos : ils sont nés de thromboses. Est-ce encore une ville, celle qui accepte que son territoire se mouchette de zones de non-droit ?

Savez-vous ce qu'est l'homéostasie ?

Une notion clé de la physiologie, inventée par le grand savant Claude Bernard : c'est la capacité d'un organisme ou d'un système non seulement à tenir ensemble mais à faire agir ensemble et pour le bien de cet organisme ou de ce système ses différentes composantes.

Une ville, un corps ne sont pas seuls au monde. Ils entrent en relations, diverses et permanentes, avec les autres villes, avec les autres corps. Et avec l'environnement. Ainsi, par exemple, le végétal est bon pour les villes parce qu'il est bon pour leurs habitants. Les arbres, outre qu'ils nous rappellent nos liens anciens avec la nature, diminuent la chaleur ambiante en même temps qu'ils traitent (une partie de) la pollution.

Ne soyons pas naïfs : les villes ont des ennemis.

Vous connaissez une vie sans ennemis ?

Vous connaissez un corps qui accepte de se faire attaquer sans livrer bataille ?

Alors la ville doit se défendre.

Et d'abord pour la santé de ses habitants. La sécurité est le premier des droits, celui qui conditionne tous les autres.

Pour ce faire, la ville a des obligations de vigilance.

De même que, dans le sang, les globules blancs repèrent leurs agresseurs. Avant de les réduire.

On le sait maintenant : la bonne santé, la nôtre comme celle de toute ville, repose sur le pouvoir de rassembler et de traiter un nombre presque infini de données.

Comment gérer sans savoir ?

Le premier courage, c'est de vouloir savoir. La condition de l'intelligence, au sens de ville « intelligente », c'est le refus du déni.

Des insuffisances de capteurs et/ou des pannes de transmetteurs et c'est le fonctionnement général qui patine, déraille ou s'arrête.

Ces informations remontent au quartier général, cerveau pour le corps ; équipe municipale pour la ville.

Et c'est ainsi qu'une ville est une volonté, un projet, lequel est toujours fils d'une vision.

Comme tout mouvement décidé par le cerveau, tout ordre donné par lui au corps.

Il y a des corps inertes, qui subsistent, qui survivent, qui se contentent d'être.

De même les villes.

Sauf que les villes, plus que les corps, sont en concurrence.

Désir de villes

Il y a des jours où on peut se demander si la ville n'est pas le plus formidable des réservoirs de la vie.

Voilà pourquoi, en pestant, ronchonnant, en rêvant de campagne, on se précipite pour y vivre.

Alors, bienvenue dans la ville, bienvenue dans *la vie moderne* !

En compagnie de Nicolas Gilsoul, l'architecte, nous allons vous faire visiter deux cents villes du monde. Vous allez voir comme, pour vivre et grandir, sans cesse elles inventent et s'inventent.

Puis, en grammairien impénitent, philosophe du dimanche et maire manqué, je tenterai de vous décrire la *Bonne Ville*, les règles qu'on se doit de respecter pour que ses habitants puissent s'y adonner au mieux à leur métier principal, le *métier de vivre*, selon la si belle expression d'un autre écrivain italien, Cesare Pavese.

Bons voyages !

Ou, comme l'on dit chez moi, et même si vous n'embarquez pas, bon vent, belle mer !

E. O.

« Bon voyages ! »

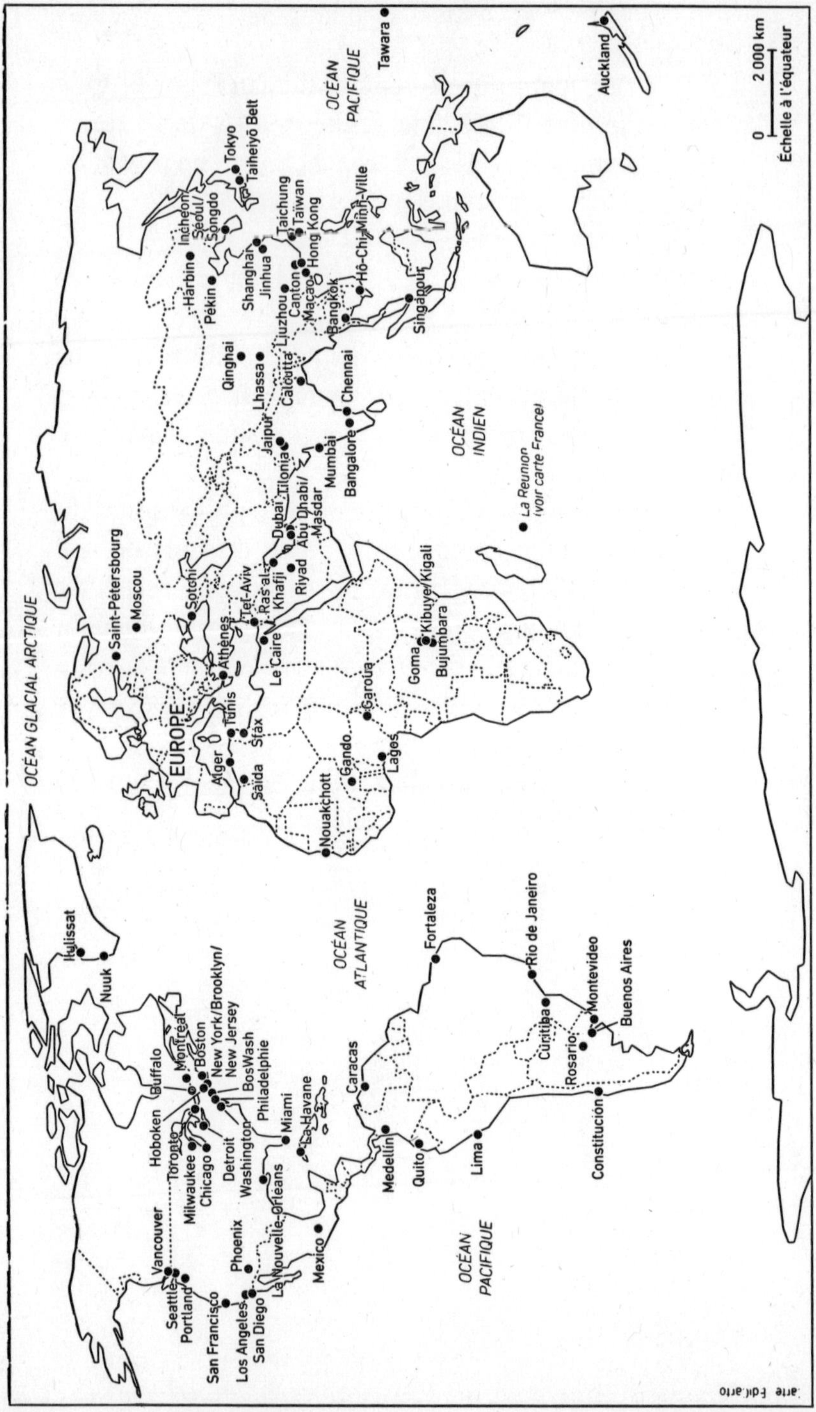

OCÉAN GLACIAL ARCTIQUE
Saint-Pétersbourg
Moscou
Sotchi
Athènes
EUROPE
Tunis
Sfax
Alger
Saïda
Tel-Aviv
Ras al-Khafji
Le Caire
Riyad
Dubaï
Abu Dhabi/Masdar
Tilonia
Jaipur
Mumbai
Bangalore
Chennai
Calcutta
Lhassa
Qinghai
Harbin
Pékin
Incheon/Séoul/Songdo
Tokyo
Taiheiyō Belt
Shanghai
Jinhua
Taichung
Taïwan
Hong Kong
Canton
Macao
Liuzhou
Bangkok
Hô-Chi-Minh-Ville
Singapour
OCÉAN PACIFIQUE
Tawara
Auckland
0 2 000 km
Échelle à l'équateur
OCÉAN INDIEN
La Réunion (voir carte France)
Kibuye/Kigali
Goma
Bujumbara
Garoua
Lagos
Gando
Nouakchott
Ilulissat
Nuuk
Vancouver
Seattle
Portland
San Francisco
Los Angeles
San Diego
Phoenix
La Nouvelle-Orléans
Mexico
Milwaukee
Chicago
Toronto
Hoboken
Buffalo
Montréal
Boston
New York/Brooklyn/New Jersey
BosWash
Philadelphie
Detroit
Washington
Miami
La Havane
Caracas
Medellín
Quito
Lima
OCÉAN ATLANTIQUE
Fortaleza
Rio de Janeiro
Curitiba
Montevideo
Buenos Aires
Rosario
Constitución
OCÉAN PACIFIQUE

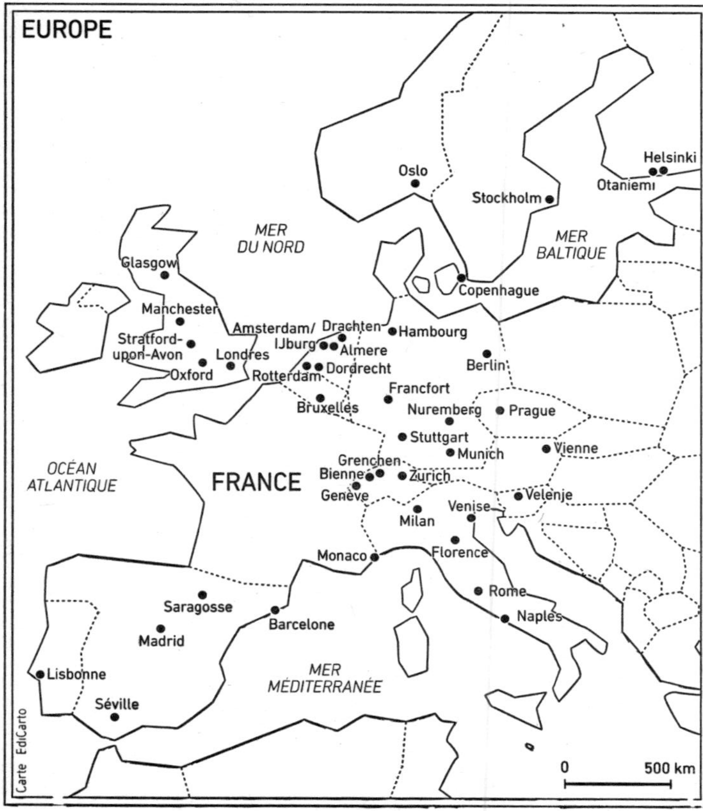
EUROPE
Oslo
Stockholm
Helsinki
Otaniemi
MER DU NORD
MER BALTIQUE
Glasgow
Copenhague
Manchester
Amsterdam/ IJburg
Drachten
Almere
Hambourg
Stratford-upon-Avon
Londres
Oxford
Rotterdam
Dordrecht
Berlin
Francfort
Bruxelles
Nuremberg
Prague
Stuttgart
Munich
Vienne
Grenchen
Bienne
Zurich
Genève
OCÉAN ATLANTIQUE
FRANCE
Venise
Velenje
Milan
Monaco
Florence
Rome
Naples
Saragosse
Barcelone
Madrid
Lisbonne
Séville
MER MÉDITERRANÉE
0 500 km
Carte EdiCarto

FRANCE
Saint-Denis
Sainte-Marie
Le Port
Beauséjour
LA RÉUNION
OCÉAN INDIEN
0 20 km
Manche
Lille
Nanterre
Saint-Denis
Paris
Noisy-le-Grand
Sèvres
Meudon
Issy-les-Moulineaux
Créteil
0 20 km
Le Havre
Rouen
Le Petit-Quevilly
Caen
Reims
Metz
Versailles
Jouy-en-Josas
Strasbourg
Brest
Rennes
Avessac
Sainte-Marie
Sévérac
Cordemais
Lavau-sur-Loire
Saint-Nazaire
Nantes
Le Pellerin
Orléans
Angers
Dijon
Rochetaillée-sur-Saône
Lyon
OCÉAN ATLANTIQUE
Angoulême
Millevaches
Saint-Étienne
Grenoble
Bordeaux
Polminhac
La-Teste-de-Buch
Toulouse
Montpellier
Nice
Marseille
Ortaffa
MER MÉDITERRANÉE
Corse
0 200 km

Première partie

Inventer pour vivre

Au cœur de la forêt amazonienne vit une liane de la famille des passiflores, la fleur de la passion. Elle est le repas favori d'un papillon nommé héliconius. Pour survivre, la plante a inventé, en quelques générations seulement, de multiples stratégies. Elle prépare des poisons, change plusieurs fois la forme de son feuillage et va même jusqu'à imiter les œufs de l'ennemi pour lui faire croire qu'elle est déjà habitée par ses cousins. C'est le génie de la Nature qui m'a mené à l'architecture.

La ville du 3e millénaire fait face à de nouvelles dynamiques, des risques et des aléas de plus en plus nombreux : croissance démographique, changement climatique, transition énergétique, crise socio-économique, gestion des déchets et pollutions. Pour survivre, elle n'a d'autre choix qu'inventer, que s'inventer.

J'ai parcouru le champ de bataille de 200 villes et décortiqué leurs stratégies innovantes. La ville, comme la passiflore, vit sur la terre, près de l'eau et sous le ciel.

N. G.

La ville Lego

Taiheiyō Belt (Japon) – Monaco – Ramallah (Cisjordanie)

La *ville Lego* se construit sur la ville, en rajoutant de nouvelles briques sur les anciennes. C'est une ville de greffes et de flèches, une ville de l'empilement, de la superposition et du découpage vertical de l'espace. Le sol venant à manquer, on grimpe vers le ciel.

Le concept n'est pas nouveau, il remonte à Babel. Les villes se sont toujours construites sur elles-mêmes, strate par strate. Les sept collines de Rome sont des amas de ruines entremêlées que la ville ne cesse de remuer et sur lesquelles elle a bâti notre histoire. Avec l'ère industrielle, la ville s'étend, s'étire et mange des campagnes, des rivages et des forêts. On parle d'étalement urbain. Les villes suivent les routes, se rejoignent et forment des arcs urbains, parfois très longs. D'autres rayonnent en étoile et se propulsent vers l'infini pour former des constellations.

Mais après l'expansion vient l'explosion ou l'implosion, puis la désertion économique et sociale. Voici venue l'ère des villes qui rétrécissent : Detroit, Baltimore, Philadelphie et Saint Louis.

Les urbanistes ont alors promu le modèle de la ville dense et compacte. Ils ont commencé à reconstruire sur la ville et à habiter ses moindres recoins, jusqu'à comprendre que la ville avait besoin de ses pores pour respirer : expansion des crues, corridors de vie, jardins de pluie, canopée contre les canicules. Entre ces deux nécessités, densifier et respirer, comment choisir ?

Certaines villes n'ont pas le choix.

La plus longue mégalopole du monde – Taiheiyō Belt – est posée en équilibre instable entre des montagnes couvertes de forêts et l'océan Pacifique. Quatre-vingts pour cent de la population japonaise (cent cinq millions d'habitants) vit sur quatre pour cent seulement du territoire de l'archipel. On ne touche plus aux forêts (sacrées et rentables économiquement avec l'agroforesterie) et on gagne sur le Pacifique avec d'infinies (et onéreuses) précautions étant donné la double menace des typhons et des séismes. Alors Taiheiyō grimpe vers le ciel : les flèches, tours, cylindres et écrans géants de Tokyo et d'Osaka ont inspiré de nombreux films de science-fiction depuis *Blade Runner*. Les parkings-ascenseurs de Nagoya sont des modèles d'efficacité : entièrement automatisés, ils ne laissent qu'une vingtaine de centimètres entre le toit de votre véhicule et les roues de la Toyota du dessus. Pour les jeux Olympiques de 2020, le cabinet new-yorkais OMA imagine un nouveau *hub* vertical. Kohn Pedersen Fox propose, pour l'appel à idées Next Tokyo 2045, un nouveau quartier dans la baie de Tokyo dont la Sky Mile Tower promet quatre cent vingt étages et cinquante-cinq mille habitants, suspendus au-dessus d'un archipel d'algocultures. Les ingénieurs japonais sont mondialement réputés pour avoir adapté leurs aiguilles urbaines aux caprices sismiques (pendules-balancier intégrés, fondations, lacs de boue résilients). N'oublions pas que cette ville immense est posée sur la ceinture de feu du Pacifique, la plus longue réunion de volcans de la planète. Et comme Los Angeles ou Java, elle attend le *Big One*, la secousse ultime qui l'effacera probablement de la carte.

Taiheiyō s'étire sur mille deux cents kilomètres, de la préfecture d'Ibaraki au nord jusqu'à Fukuoka au sud. C'est une ville linéaire, une mégalopole continue (mais distendue), un collier lumineux sans interruption dans la nuit des satellites. En 2011, un tremblement de terre provoque l'explosion du réacteur nucléaire de la centrale de Fukushima, située au milieu de la mégalopole. La contamination de l'archipel compromet les générations à venir. Le rayon des radiations, poussées par les vents et les courants marins, a largement dépassé les frontières administratives de la ville : la Californie est touchée. La région du Tōhoku était l'un des greniers de la mégalopole. Il sera difficilement cultivable avant plusieurs centaines, plusieurs milliers d'années. La vérité n'étant pas dite et les relogements inexistants, la plupart des familles de pêcheurs et d'agriculteurs sont retournés sur leurs terres. Leurs enfants portent en permanence un capteur de radiations autour du cou : quand le carré devient rouge, ils reviennent s'enfermer chez eux.

L'accident nucléaire a répandu l'idée que des légumes avaient plus de chance d'être « propres » s'ils poussaient hors-sol et en ville. En quelques mois, le Japon post-Fukushima s'enthousiasme pour un modèle de ferme verticale.

Le concept vient des États-Unis. Dickson Despommier, professeur en santé environnementale à l'université de Columbia, l'invente en 1999. Il est développé dans les classes d'architecture d'Andrew Kranis, puis fait le tour du monde. Le principe est simple et libère les terres d'une ferme de plusieurs hectares en empilant les champs comme les étages d'un gratte-ciel : gain d'espace, gain de sol, gain de déplacements et d'énergie (circuit court), meilleure gestion des eaux (circuit fermé et recyclé). Les chiffres parlent : dix mille salades par jour sur vingt-cinq mille mètres carrés de surface, soit un rendement cent fois supérieur à l'agriculture en extérieur. Le tout avec quarante pour cent d'énergie en moins et quatre-vingt-dix-neuf pour cent d'eau économisée. La ferme verticale enflamme l'imaginaire des ingénieurs et des architectes : Amsterdam, Hong Kong, Singapour, Paris (une usine à bananes sur les Champs-Élysées, des vergers en terrasses greffés sur la tour Montparnasse, des dizaines de potagers bio suspendus pour le concours Réinventer Paris). Les brevets pleuvent : aquaponie, algoculture, hydroponie, LED ultra-économe, armoires à salades et systèmes d'escalators fertiles et solaires. Les géants du high-tech japonais s'emparent du marché. À Yokosuka, Toshiba cultive sous une lumière rose des laitues, des épinards et du mizuna, un chou doux et poivré pour le mesclun. L'Akisai Food and Agriculture Cloud, porté par Fujitsu, s'est installé dans l'une de ses plus grosses usines de semi-conducteurs. On n'y utilise aucun pesticide et on calibre les laitues à volonté, par exemple, pauvres en potassium, pour les personnes souffrant de problèmes rénaux. Sharp exporte son savoir jusqu'à Dubaï.

C'est au cœur de la Taiheiyō Belt, près de Kyōto, à Kinugawa que l'on découvre la première ferme entièrement robotisée. Plus de sol, plus de fermiers. Les autorités pensent au futur de l'agriculture nippone qui s'annonce sombre : des agriculteurs âgés (les deux tiers ont plus de soixante-dix ans), une désaffection des plus jeunes et une désertification des zones rurales (de toute manière contaminées). La firme Spread propose une ferme verticale robotisée de quatre mille quatre cents mètres carrés qui produit trente mille laitues par jour sans pesticides et gonflées en bêta-carotène. Voici les nouveaux paysans, des ingénieurs. Une charlotte stérile sur le crâne, ils contrôlent ce que les drones ont contrôlé avant eux. Pour gagner de la place, les couloirs entre les plateaux de culture hydroponique sont réduits au minimum, dimensionnés pour le seul passage des robots. Et les briques fermières s'empilent jusqu'au ciel. En attendant que la densité de Tokyo ne rattrape les mailles distendues de la mégalopole, je regarde au pied de cette tour les prés enfrichés et le cortège des insectes pollinisateurs.

Ramallah est une ville en plein essor. La capitale de l'Autorité palestinienne est enclavée dans les collines de Cisjordanie, à quinze kilomètres au sud de Jérusalem. Quarante-deux mille habitants se partagent seize kilomètres carrés, mais en comptant l'agglomération formée par les quatre-vingt-huit villes et villages qui gravitent autour, on arrive ici à deux cent vingt mille âmes. La ville connaît un boom économique et démographique sans précédent. Elle attire les déçus ou les réfugiés des autres cités de Cisjordanie (Naplouse, Hébron et Jéricho), mais aussi les investisseurs émiratis et palestino-américains. La frénésie immobilière ne connaît pas de répit et la spéculation fait flamber les prix : le mètre carré a triplé en moins de cinq ans. Mais Ramallah reste une enclave, pour ne pas dire une prison. À chacune de ses entrées, des barrages de Tsahal, l'armée israélienne, filtrent les allées et venues vers Jérusalem. Comment offrir des logements nouveaux ? Les zones constructibles sont très réduites et les permis délivrés par l'État hébreu tombent au compte-gouttes. Voyez la ville nouvelle de Rawabi, construite face à Ramallah sur une colline aride en moins de trois ans. Rawabi promettait quarante mille habitants, la collecte automatique des ordures, des rues verdoyantes, un parc énergétique solaire et des logements hyperconnectés. Pour l'instant, c'est une ville fantôme. L'approvisionnement en eau n'est toujours pas assuré. La route qui y mène depuis Ramallah est caillouteuse et très étroite : une courte portion de zone C, sous autorité israélienne qui n'en finit plus de retarder les autorisations. C'est donc dans le cœur circonscrit et limité de Ramallah, sous responsabilité palestinienne depuis les accords d'Oslo en 1995, que se bâtit la cité de demain. Les posters à la gloire des martyrs de l'intifada sont remplacés par d'immenses publicités pour le crédit immobilier. La bourgade du dernier baroud de Yasser Arafat acculé par les tanks en 2002 s'est transformée en mini-métropole cosmopolite, jalonnée de bars branchés et de résidences haut de gamme. Ramallah est la vitrine de la « paix économique » lancée par le Premier ministre Salam Fayyad. La diaspora rentre au pays, les banques émiraties, rassurées par la mise en ordre financière et sécuritaire, s'implantent et ouvrent grand le robinet à crédit. En deux ans, le secteur immobilier s'est développé de quarante pour cent.

Faut-il croire au « miracle économique de Ramallah » ?

Au cœur de la frénésie de constructions empilées, un projet retient toutefois mon attention. À Mexico, l'architecte chilien Aravena y avait imaginé des logements à « incrémentation ». Ce concept, issu du codage informatique, désigne l'ajout progressif d'unités à une structure de base. Concrètement, on livre un château fort à compléter. Les dents creuses, patientes, laissent la possibilité à chaque famille d'y lover son programme, en autoconstruction, en fonction de ses besoins et de son budget (une, deux ou trois chambres). L'architecture est un *squelette* à habiller et déshabiller selon l'évolution des ménages. Le cabinet anglais Weston Williamson reprend l'idée pour Ramallah et la développe verticalement. Le squelette devient un arbre de béton d'une vingtaine de niveaux conçu autour d'un noyau structurel fort (circulations, flux, pièce de vie de base) et déploie vers les quatre horizons de généreuses terrasses en attente. Chaque brique « incrémentée », chaque pièce supplémentaire fait évoluer l'ensemble au fil des saisons de la vie : la terrasse devient une chambre d'enfant, un studio indépendant pour jeune diplômé puis un jardin nourricier pour les vieux jours.

Mais si les briques ajoutées peuvent être légères, l'arbre qui les soutient doit être suffisamment résistant. Et plus l'arbre monte, plus le prix du mètre carré augmente.

Selon la Banque mondiale, à Ramallah, soixante-dix pour cent des ménages ne pourront bientôt plus se payer leurs logements.

La ville Terrier

Helsinki (Finlande) – Tokyo (Japon) – Paris (France)

La *ville Terrier* creuse.

Elle y gagne quatre fois. D'abord, elle libère des espaces en surface qu'elle peut valoriser et mieux investir. Ensuite, elle jouit de la stabilité climatique et sismique d'un abri naturel constant. Elle tire aussi profit de ses ressources souterraines en matière d'énergie, d'eau et de géomatériaux. Enfin, elle ouvre le champ d'un nouvel imaginaire de la ville, un monde jusqu'ici mystérieux et terrible.

Merci à Dante et aux nombreux artistes et conteurs (Jules Verne, Jérôme Bosch et Lovecraft me sont très chers) qui ont nourri nos visions du monde d'en bas : des univers chtoniens peuplés de démons, d'anges déchus et de créatures des profondeurs.

Peurs irrationnelles, angoisses raisonnées.

Et si ça s'effondre ? Et si je manque d'air en bas ? Et si des terroristes y soufflent un gaz mortel ? On garde tous en tête l'attentat au gaz sarin du métro tokyoïte en 1995. Et si un mouvement de panique m'écrase ? Et si je reste bloqué des heures dans le noir au niveau moins trente ?

Le besoin d'espace de nos villes est pourtant en train de vaincre nos appréhensions immémoriales.

Le Japon par exemple, qui parie sur le développement urbain souterrain, prépare les futures générations dès la classe maternelle. Des contes et des jeux de rôles conçus par des psychologues vantent les bienfaits du monde d'en bas. On compte aujourd'hui plus d'un million de mètres carrés de ville Terrier dans l'archipel : cent trente-sept hectares à Tokyo, quatre-vingt-quatorze à Nagoya, soixante-quatre à Osaka, cinquante-sept à Kawasaki, quarante-cinq à Sapporo et même vingt-cinq dans la vénérable Kyōto. Le Japon cherche à gommer petit à petit la peur du noir et du souterrain : la ville se bâtit d'abord avec des mots.

À New York, Manhattan est l'archétype même de la ville Lego, dressant fièrement ses gratte-ciel. Pourtant, au lendemain des attentats sur les tours jumelles du World Trade Center en 2001, la ville a plongé dans la matrice géologique de son île : Ground Zero s'articule autour d'un jardin creux, un puits ouvert sur le centre de la terre à la symbolique puissante et volontairement positive. Ground Zero parie sur la vie et la reconquête. Le projet souterrain est un *hub* de connexions métropolitaines, à la fois centre commercial, équipements et plate-forme d'échanges au pied des tours de Wall Street. Un second jardin public entièrement souterrain cette fois est en pleine construction : le Lowline Underground Park (quatre mille mètres carrés). Il est lové dans un ancien terminal enterré de trolley désaffecté depuis 1948. Sa jungle luxuriante sera éclairée par de la lumière naturelle transportée par fibre optique. Fan de pop culture américaine, j'attends avec curiosité l'ouverture de ce parc fantasmatique digne de Gotham City.

Dès lors que la ville Terrier décide d'aménager son sous-sol, se pose la question du droit de la propriété. Les usages planétaires sont divers. En France par exemple, le propriétaire d'une parcelle de terrain l'est à l'infini, au-dessus et au-dessous du sol. On n'y construit donc pas en sous-sol sans expropriations et rachats préalables. De même au Canada. Montréal a développé son réseau de métro souterrain sous les rues pour éviter toute procédure légale risquant de ralentir le chantier. Au Japon et en Finlande, les constructions sont libres sous une certaine profondeur. En Suisse, le propriétaire d'une terre l'est jusqu'à cinq mètres sous la ligne de sol. Ensuite, c'est l'État qui reprend la main sur le tréfoncier (le foncier souterrain). Comme en Russie.

Ne nous y trompons pas : les terriers se multiplient.

Helsinki, la capitale la plus septentrionale du monde après Reykjavik, s'effrite dans le golfe de Finlande. La ville n'est que baies, péninsules et archipel (plus de trois cents îles) sur le bleu intense de la Baltique. Elle s'est installée sur un territoire morcelé, dominé par l'eau, la roche et les forêts de bouleaux ou de pins. Seuls deux cent treize kilomètres carrés sur sept cent quinze sont émergés. La place est chère, la densité atteint parfois dix-sept mille habitants par kilomètre carré, soit trois fois celle de Chicago. Helsinki cumule : capitale, principal centre économique du pays, premier centre industriel et port hyperactif. C'est une ville métissée où cohabitent plus de cent trente nationalités : Russes, Estoniens,

Suédois, Serbes, Somaliens, Irakiens et Allemands… Belle leçon de tolérance. Mais ce qui frappe le voyageur, alors que l'avion entame sa descente, ce sont les longs doigts de forêts qui irriguent la ville jusqu'à la côte déchiquetée : intacts, continus, cohérents et denses. Le paysage n'est pas un luxe pour les Helsinkiens, il coule dans leurs veines comme dans la ville. L'urbanisation récente le rappelle jusque dans sa toponymie : Koskela (les cascades), Katajanokka (la presqu'île du Genévrier). Comment ces forêts ont-elles résisté à la pression urbaine ? La lutte contre le froid a montré l'exemple.

Chaque hiver, le port (huit millions et demi de passagers) est pris dans les glaces. La vie ne s'arrête pas pour autant. Les liaisons avec les autres localités de la Baltique sont assurées par une flotte de brise-glace et la ville a opté très tôt pour un réseau de transport souterrain efficace, vite enrichi d'équipements, de commerces et de zones industrielles qui n'avaient pas besoin de lumière naturelle. Helsinki a ainsi libéré autant de mètres carrés en surface. Les forêts sont sauvées. Il faut reconnaître que les conditions géologiques sont propices aux projets souterrains. Le soubassement rocheux de granit et de gneiss est facile à creuser à l'explosif (ce qui reste la technique la moins chère). Et coup de chance, le Suédois Alfred Nobel, l'inventeur de la dynamite (et père du prix homonyme), est un voisin. Helsinki se déploie sous le sol depuis 1960 : églises, réseaux de mobilité, la plus grande galerie marchande du nord de l'Europe, saunas, patinoires. La piscine souterraine d'Itäkeskus reste une expérience inédite. D'ici 2020, Helsinki prépare quatre cents nouveaux locaux sous son socle, soit neuf millions de mètres cubes, une connexion de vingt kilomètres depuis le centre-ville jusque sous le tarmac de l'aéroport Vantaa, trois périphériques sous le bord de mer au nord de l'agglomération pour relier la banlieue et un métro souterrain innovant en forme de goutte. Pour ne pas perturber la circulation en centre-ville, faciliter l'enlèvement des gravats des chantiers et transporter le matériel, 6Helsinki a construit sous la terre un réseau de voies spécifiques. Il servira ensuite de circuit d'approvisionnement. Ces espaces sous la terre sont favorisés par des permis de construire plus faciles et des taxes d'aménagements réduites de cinquante pour cent par rapport au foncier de surface. Les investisseurs accourent. Parallèlement, le ministère de l'Agriculture et des Forêts (notez bien) travaille sur une cartographie cadastrale en trois dimensions. Helsinki se planifie dans son épaisseur. Elle gardera encore longtemps ses beaux doigts de forêt urbaine.

À l'autre bout du monde, les urbanistes japonais s'intéressent aussi au potentiel de la ville Terrier.

Et si demain, le souterrain ne servait plus seulement de réseaux tentaculaires ? On y stocke déjà le gaz liquéfié, l'air comprimé, des usines de traitement des déchets, des centrales électriques et bientôt de nouvelles centrales nucléaires.

Pourrait-on y habiter mieux qu'en surface ?

Protégées des caprices du climat et des secousses sismiques, ces villes Terrier, techniquement crédibles, promettent un abri sécurisé et contrôlé à un archipel urbain régulièrement ravagé par les tremblements de terre. La dernière catastrophe de Kobe a donné du crédit au projet : le métro, devenu abri de fortune, a tenu, alors que plus de cinq mille morts ont été retrouvés dans les éboulis des autoponts, immeubles et voies de surface.

Chaque grande compagnie de construction japonaise possède son projet de ville Terrier. Chez Taisei, on croit en Alice City. Chez Tokyu, on exhibe fièrement les plans de Geotrapolis, et chez Kumagai Gumi, les modèles 3D d'Odyssée tournent en boucle sur les écrans haute définition. L'idée n'est pas nouvelle ici. Elle apparaît dans les années 1980 pour répondre à la flambée des prix du terrain et à la croissance hyperbolique de la population. Le quartier de Shinjuku est déjà doublé par de gigantesques réseaux souterrains dans lesquels les urbanistes ont cherché à alléger le stress des citadins-taupes en évoquant, à travers la scénographie des galeries, l'environnement extérieur. On peut y entendre des chants d'oiseaux au troisième sous-sol.

Tous les projets à venir cherchent à rendre la ville souterraine rassurante et agréable. Les ingénieurs et les architectes sculptent des lignes courbes et douces pour éliminer l'impression d'enfermement et amènent la lumière du jour au plus profond grâce aux fibres conductrices.

Oshima-san, le père d'Odyssée, s'est inspiré des colonies spatiales : « On entre dans la ville par-dessous, par la gare du Shinkansen, à cent mètres de profondeur. On débouche à la base d'un atrium. En forme de pyramide inversée, il est surmonté d'un dôme à facettes de verre, au travers duquel la lumière du jour coule sur les étages, agrémentés de végétation qui descend en cascade. À sa base, la largeur de la ville est d'un demi-kilomètre. Ce noyau central sera prolongé de coquilles satellites, reliées entre elles par des tunnels et destinées à loger théâtres, centres sportifs, parkings et entrepôts de stockage. »

Kumagai Gumi a soumis le modèle à des études de simulation complexe (conditions de vie souterraine, flux d'air, diffusion de la lumière, variation de température et d'humidité). Les supercalculateurs ont froidement conclu que les paramètres y seraient comparables à ceux de l'environnement habituel en surface. Reste à savoir si la peur du tremblement de terre l'emportera sur celle du monde des profondeurs.

Pas sûr que les chants d'oiseaux enregistrés et l'atrium-jardin avec boule à facettes suffisent.

Groundscape. Tel est le titre du livre manifeste publié par l'architecte Dominique Perrault. Il y décrit le potentiel formidable de la ville souterraine. Le monde d'en bas y prend un souffle nouveau : bien plus qu'un territoire inexploité ou une simple ressource foncière, il devient un domaine générique avec ses logiques et son économie propre. Valorisé, il peut redéfinir la grammaire et la syntaxe d'une nouvelle urbanité. Perrault réactive ainsi une pensée née en 1937 dans la capitale française à l'occasion de l'Exposition internationale des arts et techniques. Édouard Utudjian et le GECUS (Groupe d'études et de coordination de l'urbanisme souterrain fondé en 1933) y présentent une maquette lumineuse du Paris Souterrain qui fait grande impression. On pouvait y voir trois couches superposées : la grille profonde du GECUS (un projet innovant d'autoroutes quadrillant Paris à grande profondeur), les infrastructures achevées (métros, égouts) et la surface de la ville haussmannienne. La maquette, interactive, permet des jeux de mixages et d'effacements. Elle prend la vigueur d'un manifeste. Le premier congrès international d'urbanisme souterrain voit le jour, suivi par quatre autres à Rotterdam (1948), en Scandinavie (1959), à Varsovie (1965) et à Madrid (1968). Les idées d'Utudjian sont révolutionnaires : libérer de l'espace en surface pour créer des jardins, enterrer les fonctions utilitaires de la ville et toutes celles qui ne nécessitent pas d'apport de lumière naturelle (cinémas, piscines, auditoriums, salles de spectacles). Il propose un espace souterrain, préfigurant ainsi les schémas d'aménagements de Moscou, de Tokyo et d'Helsinki. Dominique Perrault réactive le concept de la *ville épaisse* d'Utudjian. Au lieu d'imiter la surface, l'architecte rêve et commence à réaliser ses rêves à Séoul en y construisant à demi sous terre l'Université féminine Ewha. Sous l'axe central de l'avenue Foch, Perrault imagine un complexe universitaire et d'incroyables promenades souterraines redynamisant la relation de la ville au bois de Boulogne. Sous l'Arc de triomphe, un pavage de verre prolonge le monument et ouvre sur de nouveaux espaces dévolus aux cérémonies mémorielles, mais aussi aux connexions des transports jusqu'ici cachés. Ce travail sur l'épiderme de l'urbain fait ressortir des lieux oubliés et réenchante la ville. Mais c'est sur l'île de la Cité, cœur historique figé par excellence, que la démonstration du *Groundscape* est la plus médiatisée (une mission du président François Hollande). Associé au président du Centre des monuments nationaux Philippe Bélaval, Perrault propose de creuser sous l'île un nouveau quartier vibrant, un creuset de vie dévoilé en surface par un jeu de transparences et de puits. Notre-Dame se penche sur le gouffre des tunnels de transports et sur les premières traces de l'installation de la ville.

Vertige assuré.

Profitant de cette dynamique, la Ville de Paris lance la seconde édition de son appel à idées Réinventer Paris. Cette fois, les trente-trois sites proposés sont tous souterrains. Investisseurs, start-up, paysagistes et architectes, rêvez bien !

La ville Flottante

Kiribati (Océanie) – Ilulissat et Nuuk (Groenland)

La ville flottante n'est plus un rêve.

Les prototypes sont prêts. Les technologies s'améliorent et les milliardaires se positionnent. Peter Thiel, le cofondateur de PayPal et premier investisseur de Facebook, a déjà financé plusieurs millions d'euros d'études pour Delta Sync, un projet porté par la Silicon Valley. Imaginez au large du Honduras et du Salvador une ville paquebot libertaire, basée sur l'économie des technologies de l'information et le tourisme médical. En Chine, ceux que les économistes nomment les Baleines, une petite dizaine de billionnaires chinois, misent sur la ville flottante autonome. La CCCC, première entreprise de construction du pays, veut étendre Macao avec une île artificielle de quatre kilomètres creusée d'hôtels et de casinos de luxe. Ils se font la main à Colombo au Sri Lanka et à Lagos au Nigeria. Chez nous, sous la coupole d'or de l'Institut de France, une fondation placée sous la présidence d'honneur du prince Albert II de Monaco collecte chaque année aux quatre coins du monde des dizaines de projets flottants visionnaires. Vous croiserez dans le jury Michel Petit (l'éminent physicien aux manettes de l'Institut océanographique), Yves Coppens (le paléontologue de référence au Collège de France), Jean-François Clervoy et Jean-Loup Chrétien (les spationautes) mais aussi Francis Rambert (président éclairé de l'Institut français d'architecture) et Jacques Rougerie (capitaine Nemo de l'architecture, académicien et partenaire de la NASA pour ses habitats sous-marins).

La pêche aux projets est lancée. L'an dernier, le Pérou, la Corée et l'Égypte se sont distingués par leur créativité en imaginant des nouvelles façons d'habiter la mer, les littoraux bouleversés par le climat et même l'espace. Mangroves de métal hybrides, vaisseaux jungle, archipels artificiels ultraconnectés et capsules bioluminescentes en apesanteur. Imaginez des villes sous-marines rongeant lentement le septième continent de plastique pour produire leur énergie et dépolluer les océans.

La ville flottante séduit :

Elle attise le désir.

Attirante par ses lignes fuselées et futuristes, elle renvoie aux prototypes les plus fous des constructeurs automobiles et des ingénieurs en aérospatiale. Sa belle carrosserie se pose en silence dans un environnement de fantasme qui excite notre désir de nature vierge, de paysage intouché.

Elle promet l'espoir.

C'est une arche qui permet de survivre au déluge, lorsque les terres contaminées et surpeuplées seront englouties sous la montée du niveau des océans. Les estimations des experts varient entre cent et deux cents millions de réfugiés climatiques en 2050. Mais souvenez-vous, Noé ne faisait monter qu'un mâle et une femelle de chaque espèce. Qui sera sauvé ?

Ses prouesses technologiques fascinent.

La ville flottante est toujours démonstrative. C'est une vitrine de l'innovation en matière d'énergie, de recyclage, de dépollution, de fabrication d'eau douce, de résilience aux environnements extrêmes et d'autosuffisance. Parfois elle dépollue. Quelle formidable promesse d'économie en perspective. Dans la pratique, la plupart des projets finissent par se heurter aux réalités des surfaces nécessaires pour atteindre une véritable autonomie. L'iceberg artificiel de Macao troque ses promesses d'hydroliennes pour un mini-réacteur nucléaire privé, plus adapté aux ambitions des casinos et aux faibles courants du delta de la rivière des perles.

Embarquons maintenant vers l'Océanie où la Shimizu Corporation planifie discrètement une ville flottante d'un million d'habitants.

Direction l'équateur et l'antiméridien 180°, à cheval entre la Polynésie et la Micronésie. Bienvenue dans la République des Kiribati.

Ses terres émergées en font l'un des plus petits pays du monde. Mais si l'on y ajoute l'en dessous de la surface, Kiribati, c'est cinq fois la France, et la population de sa capitale, Tarawa, ne cesse de croître. Elle a quadruplé en moins de cinquante ans. On y vient, comme toujours, pour ses écoles et ses promesses de perspectives économiques. Les quartiers se densifient dans la hâte sur des côtes fragilisées, accélérant leur érosion. À chaque Sommet de la Terre, son président Anote Tong alerte avec véhémence sur l'inéluctable montée des eaux qui menacent son atoll. Il a acheté pour son peuple une terre refuge de vingt kilomètres carrés bénie par l'Église anglicane. La retraite sur Vanua Levu est séduisante et chère : six millions d'euros. L'apocalypse rapporte.

Mais l'île refuge est-elle une solution ?

Selon le ministre de l'Agriculture des Fidji, Vanua Levu ne pourrait nourrir que trois cents personnes. Les Kiribati sont dix millions.

Autre souci : l'érosion des côtes. Pour urbaniser Vanua Levu et accueillir les réfugiés, il va falloir abattre la forêt qui la recouvre et ensuite densifier. La ville refuge risque de reproduire les erreurs faites sur l'atoll des Kiribati : en artificialisant les côtes, on accélère le processus d'érosion et facilite la submersion et les inondations. Retour à la case départ, le problème est juste déplacé.

Enfin, n'oublions pas les distances. Vanua Levu se trouve à cinq heures d'avion de Tarawa, l'équivalent d'un vol Paris-New York. Il faudrait douze mille Airbus A380 pleins juste pour transporter les Gilbertins à destination.

Quelle est cette forme géante et mouvante au loin, juste avant l'horizon ? Green Float, le projet japonais de la Shimizu.

Cette ville, prévue pour 2050, dérive sur la ligne de l'équateur, là où les conditions climatiques et maritimes sont optimales. Immense nénuphar, île bateau de trois kilomètres de diamètre, amphibie, modulable et reproductible. Il paraît qu'elle peut accueillir et nourrir jusqu'à un million d'habitants. En cas de typhons, elle déploie un bouclier étincelant de cent mètres de hauteur pour protéger son cœur de forêts cultivées et sa ville tour en alliage recyclé de magnésium marin. Elle puise son énergie dans les courants thermiques de la mer et décline la légèreté des nids-d'abeilles utilisés sous les plates-formes offshore. Les images montrent des scientifiques en blouse blanche et quelques couples trentenaires tokyoïtes contemplatifs.

Prochaine escale : le cercle polaire arctique. La calotte glaciaire fond de cent vingt-cinq kilomètres cubes chaque année. Le Groenland finira-t-il par redevenir aussi verdoyant que jadis, lorsque le Viking Erik le Rouge, en l'an 1000, décide de le baptiser « Terre verte » pour y attirer quelques colons ? Avec l'ouverture des nouvelles routes maritimes vers le nord, la chasse aux ressources naturelles est ouverte.

Le Groenland compterait :

— les plus grandes quantités de terres rares au monde. Elles entrent dans la fabrication des hautes technologies dont le marché est dominé par la Chine à quatre-vingt-quinze pour cent.

— dix pour cent au moins des ressources mondiales de pétrole.

— trente pour cent environ des réserves de gaz naturel de la planète.

— de l'uranium par milliers de tonnes. Malgré la position affirmée antinucléaire du Danemark, les Australiens ont démarré leurs forages miniers. Ils comptent extraire deux cent soixante-huit mille tonnes d'uranium dans les trente-sept prochaines années.

— dix pour cent des réserves en eau douce de notre Terre. Pensez aux grands restaurants new-yorkais et parisiens qui engagent aujourd'hui des « sommeliers d'eau naturelle ». Ou, si vous préférez, aux millions d'enfants qui n'ont pas encore accès à l'eau potable.

— du fer, des rubis et d'autres minerais déjà exploités par de grandes compagnies comme Alcao à Maniitsoq. Leur aluminerie profite de l'énergie hydroélectrique. Vive la fonte des glaces.

— des terres libérées pour l'agriculture. Le sol rocheux n'étant pas trop fertile, on prévoit déjà l'élevage bovin. Ne pensez pas aux normandes dans un alpage fleuri.

Les voisins directs se préparent à débarquer : le Canada, la Norvège, la Russie et le Danemark. La Corée, la Chine, le Japon et les États-Unis songent à investir. Pour un tel développement, il faut des ports. Alors que ce pays est le moins peuplé du monde, Nuuk, sa capitale (dix-huit mille habitants), peine à loger la population issue de l'exode rural. Il faut vingt ans pour obtenir un logement de la municipalité et les locations sont hors de prix.

Déjà les Danois proposent de nouvelles extensions de villes dans le sud du pays. Elles vont flotter pour partie, mais continueront à s'agripper à la roche. En 2012, à la Biennale de Venise, Minik Rosing et NORD Architects habitent le pavillon du Danemark d'images irréelles de cette colonisation urbaine en cours. Les projets émergent d'une eau sombre sous la lumière spectrale de l'extrémité du monde.

Ilulissat, la troisième ville du pays, devient sur le papier la terre d'accueil des réfugiés de l'exode rural. Imaginez un centre culturel carapacé et une université-refuge qui émergent de la roche et des glaces comme de gigantesques plaques tectoniques. Compacte, protectrice et mimétique avec son environnement, la nouvelle Ilulissat fascine les architectes.

Au large de Nuuk, un autre projet pharaonique capte l'attention. Air+Port est un *hub* arctique en forme de croix, posé sur l'eau lisse des fjords, la glace mouvante et les roches d'Angisuunguaq. La première aile est une plate-forme industrielle, un porte-conteneurs long d'un bon kilomètre, immaculé. La seconde, perpendiculaire, déploie un bâtiment-pont blanc glacier. C'est une ligne épaisse sur l'horizon qui porte sur son dos les pistes de tarmac d'un aéroport. Dessous, la ville vit ultraconnectée avec toutes les commodités attendues. On y mange, on y vit, on y commerce dans une bulle privatisée. La firme BIG qui en signe le concept est aussi connue pour le controversé projet de parc commercial EuropaCity au nord de Paris, dans le triangle de Gonesse (quatre-vingts hectares dédiés au commerce et au tourisme, trente millions de visiteurs par an et trois milliards d'investissement privé).

La peur pousse au repli.

La prolifération des îles sécurisées et des villes vertes sous cloche flottant au milieu d'un monde incertain est une réalité. On les trouve déjà à Phoenix, à São Paulo et à Puna en Inde, sur la terre ferme.

Elles arrivent en Europe.

L'île qui s'en va toute seule

Le Port – Saint-Denis et Sainte-Marie de La Réunion (France, DOM-TOM)

La Réunion est une île, dominée par un gigantesque volcan qui plonge en lagons dans l'océan Indien. Sous l'eau s'étend une réserve marine exceptionnelle : trois mille cinq cents hectares de biodiversité au milieu du corail. La moitié de l'île est un parc naturel, inscrit depuis 2010 au patrimoine mondial de l'UNESCO. Ce sanctuaire m'émerveille : mille six cents espèces végétales endémiques (dont une centaine n'existent qu'ici sur la planète), des forêts primaires et des insectes fabuleux. Mais le phasme du palmiste (une brindille à antennes) et le latanier rouge (un petit palmier ébouriffé) partagent le territoire avec une population d'urbains en pleine croissance. Ils occupent l'autre moitié de l'île, un ourlet de villes étales en balcon érodé au-dessus du corail. Ils seront un million en 2040. Trente pour cent sont déjà au chômage. Un habitant sur deux vit sous le seuil de la pauvreté et un foyer sur trois manque d'énergie. Précisons que La Réunion est une ZNI, en jargon d'énergie, une zone non interconnectée. La transition énergétique ici est un impératif. La loi pour la croissance verte (2015) vise l'autonomie énergétique en 2030. L'Hexagone entend faire de l'île une vitrine des possibles. Les élus locaux aimeraient surtout y voir l'opportunité de repenser un vrai projet de société. Après tout, l'île est aussi une région et un département. Ils visent, d'ici 2023, les deux tiers d'énergies renouvelables, soit plus du double d'aujourd'hui. En attendant, EDF vient d'investir dans une centrale thermique au fioul « moins polluante » (pour assurer la transition), et quatre-vingt-dix pour cent de l'approvisionnement débarquent encore quotidiennement des immenses tankers d'Afrique du Sud (charbon), de Suède et des Émirats arabes unis (fioul, essence et gaz).

La Réunion innove avec créativité en matière d'énergies propres.

Tout est bon : les résidus végétaux de la canne à sucre dans les centrales thermiques d'Albioma, la méthanisation des déchets, la mélasse de canne qui produit du bioéthanol pour une turbine à combustion au sud de l'île, les fermes éoliennes sur le littoral et les fermes solaires sur les toits, la rivière des Marsouins et son barrage hydroélectrique. Elle rêve même d'exploiter l'eau des abysses (pompée à plus de 1 000 m de profondeur) pour climatiser aéroport et équipements publics. Le projet est porté par Engie, l'ADEME et la Région.

Éric Scotto est le premier producteur français indépendant d'énergie sur mesure. Son concept d'agroénergie est cristallin. Pour régler la bataille du foncier entre centrale solaire et agriculture sur une île au sol limité, il combine les deux. Sa société Akuo Energy loue les terres, installe les serres solaires (la troisième génération récupère et recycle les eaux de pluie) et les met à disposition gratuite des agriculteurs et des coopératives. Akuo récolte les revenus énergétiques.

Les serres anticycloniques protègent les cultures contre les tempêtes, les coopératives peuvent accéder financièrement à des terres fertiles très convoitées et autrement inabordables et enfin, les fermes solaires, par leur rentabilité, soustraient des parcelles agricoles en déshérence aux appétits du développement immobilier, donc de l'imperméabilisation des sols et de l'étalement urbain.

La centrale Bardzour s'est installée autour du centre de détention, en plein cœur de la ville du Port. Imaginez une vague de vingt-sept mille panneaux solaires et six mille mètres carrés de serres anticycloniques dans lesquelles jardinent de futurs apiculteurs et maraîchers bios. Le programme de réinsertion concerne deux cent quarante détenus qui sont aussi initiés aux métiers des énergies renouvelables. Bardzour produit de quoi alimenter un tiers de la population urbaine de la ville (douze mille habitants). L'énergie est stockée dans des batteries de nouvelle génération au lithium-ion et à l'hydrogène pour compenser l'intermittence du soleil. Bardzour a créé trois cents emplois au Port, une ville sévèrement touchée par le chômage. L'Agroénergie séduit aujourd'hui la Guadeloupe, la Corse et l'Indonésie. Toujours dans la maille distendue du périurbain.

Direction Beauséjour : un morceau de ville en chantier, glissé sous une forêt jardinée, à mi-chemin entre Saint-Denis et Sainte-Marie. Une « écoville » de quatre-vingts hectares pousse sur un champ de canne à sucre en pente vers l'océan. L'urbanisme naît des dynamiques naturelles du site : les rues sont orientées pour capter les vents dominants et rafraîchir la ville naturellement, les eaux de ruissellement forment thalwegs, bassins et milieux humides pour jouer sur le microclimat de la forêt jardinée nord-sud. C'est elle qui articule la ville et permet de prendre soin du sol en l'enrichissant biologiquement. Les architectures y sont compactes, mieux isolées que le parc d'habitat vieillissant de l'île construit trop rapidement dans les années 1970. La première maison pilote (Casa Demeter) prouve qu'une consommation nulle en énergie primaire est possible.

Beauséjour joue sur l'autre stratégie indispensable pour sortir de la crise énergétique de l'île : réduire la consommation. L'opération publique d'aménagement est un partenariat public-privé entre Sainte-Marie et CBo Territoria. Tout y est mis en œuvre pour favoriser les mobilités douces : raccord au bas de Sainte-Marie par un nouveau transport en commun en site propre, pistes cyclables et vélo offert avec l'appartement, promenades en belvédères sur l'océan. On y attend huit mille habitants (dont 40 % de logements sociaux). Le promoteur s'est entouré d'une fine équipe d'architectes, de paysagistes, de sociologues, d'ingénieurs environnementaux et même d'ethnologues. Beauséjour est un pari sur l'avenir. Il domine les pôles économiques majeurs de la frange littorale en extension, l'aéroport et l'échangeur principal. Par sa situation en charnière, il relie les bas et les hauts de Sainte-Marie. Les 8 000 habitants actuels des quartiers enclavés de Moka, l'Espérance, la Confiance, Beaumont, la Ressource, Piton Cailloux, Chiendent et

Ravine Coco, pourront profiter de ses services et de sa *connectivité* douce avec le littoral.

Le principal problème de la consommation d'énergie à La Réunion tient cependant aux transports routiers, qui représentent 75 % de l'énergie fossile importée de l'île. Dans cette dynamique, le chantier pharaonique d'une route littorale suspendue sur pilotis entre le Port et Saint-Denis a de quoi surprendre. Même cachée sous de nouveaux espaces publics en balcon sur l'océan à Saint-Denis, l'autoroute urbaine parie sur le tout-automobile. Un pas en avant, trois pas sur le côté et un pas en arrière. La gouvernance est une danse difficile.

Green Factor

Bordeaux Métropole – Versailles (France)

Les urbains viennent de la campagne et veulent toujours plus de Nature dans leurs villes. Faut-il verdir la ville, bâtir la campagne ou guider le territoire autrement ?

Considérer la Nature comme un atout est aujourd'hui une évidence. Elle rend des services indéniables : santé, bien-être, confort, résilience et économie verte. En France, le nombre d'emplois liés à l'environnement a augmenté de vingt pour cent ces dernières années, soit quatre pour cent de plus que les autres branches de l'économie.

Manhattan, Singapour et Taïwan transforment leurs friches en parcs luxuriants et leurs façades en falaises colonisées par une faune et une flore nouvelles. À Toulouse, l'architecte new-yorkais Libeskin construit une tour de 150 mètres au-dessus du Canal du Midi. J'y creuse un grand jardin en hélice soumis aux contraintes extraordinaires de ce milieu hybride. La composition naît d'une cartographie végétale savante : le langage des plantes est délicat et créatif. Quito et Casablanca reconquièrent les terres d'anciens aéroports : désormais on y jardine en famille. Berlin déploie des ceintures de parcs agricoles et Lille protège ses champs captants périurbains. Partout on cultive la terre urbaine. On parle de Green Factor, un indice de Nature pour la compétition des villes-monde.

En 2013, Bordeaux s'est lancé dans un pari fou : faire de la Nature le premier outil de planification. Les politiques se sont engagés : cinquante-cinq mille hectares verts, cinquante pour cent de sols fertiles pour cinquante pour cent de bâti.

La métropole regroupe vingt-huit communes au cœur de la Gironde et plus de huit cent mille habitants, bientôt le million sera dépassé. La Nouvelle-Aquitaine attire : c'est la quatrième région la plus peuplée de France avec près de six millions d'habitants. Depuis 2000, les Bordelais célèbrent douze mille naissances par an et leurs rues sont jeunes : un habitant sur trois n'a pas fêté ses vingt-cinq ans. Le TGV l'Océane relie depuis cet été Paris en deux heures et quatre minutes. Sous l'impulsion de son président Alain Juppé (également maire de Bordeaux), la métropole parie sur l'innovation en matière de fabrique de la ville. Ces dernières années, celle que l'on surnommait la Belle Endormie s'est réveillée et séduit tous les faiseurs de ville. L'édition 2017 de la biennale d'architecture Agora défend l'idée d'une Ville-paysage.

Avec ce basculement de regard sur le Vivant, c'est toute la vision de la planification urbaine héritée des modernes qui explose : il s'agit désormais de partager le territoire avec la Nature.

La clé durable d'une vraie cohérence écologique passe d'abord par l'acquisition et la gestion du foncier. Bordeaux réinvente un vieil outil parisien. L'Agence des Espaces Verts d'Île-de-France existe depuis quarante ans. C'est un établissement public qui anticipe les mutations du territoire et gère les pièces stratégiques d'un grand parc fertile nommé avec ambition la « Ceinture Verte de Paris » (trente-neuf mille hectares). L'Agence acquiert des terrains clés pour les préserver de l'urbanisation et les valoriser : réserves naturelles, zones humides, champs, forêts, carrières et prairies calcicoles. Les plus grandes surfaces qu'elle veille sont agricoles, vingt et un pour cent sont passées à l'Agriculture Biologique.

La Nature devient ainsi un Bien Commun qu'il s'agit de préserver et de cultiver. Et pour ce faire, toute aide est la bienvenue, de l'élu à l'habitant. La métropole invente alors de nouveaux outils participatifs et s'empare de la révolution numérique pour faciliter sa réalisation et son financement.

Plus il y aura de jardiniers urbains, plus le jardin sera entretenu. Reste à s'entendre sur le degré d'interventionnisme et les outils du jardinier.

Versailles.

La ville historique est fière de ses jardins (mille deux cent cinquante-sept hectares) et de ses forêts (quatre mille cinq cents hectares avec celles qui l'entourent). Comptez cent soixante-sept mètres carrés d'espace vert par habitant, environ vingt-deux mille arbres et vingt kilomètres de ceinture verte. François de Mazières, son maire-bâtisseur, et sa directrice des espaces verts, Cathy Biass-Morin, fabriquent de l'avenir chez Louis XIV.

Le 1er janvier 2017, la loi Labbé entrait en vigueur dans toute la France, interdisant l'utilisation des produits phytosanitaires dans les espaces verts. Versailles, ville patrimoniale des jardins emblématique, avait pris de l'avance : zéro phyto dès 2005 sur tout son territoire.

En 2011, la ville inaugure un jardin précieux dédié à l'art du parfum aux portes du Château : la Cour des Senteurs. J'avais pour complice dans ce beau projet le nez de Guerlain, Thierry Wasser, et l'intelligence des fleurs qui peuvent supporter le choix d'une gestion 100 % écologique. Visitez la roseraie des illusions ou le tapis d'hémérocalles et de fougères. L'élégance n'a nul besoin d'artifice mais de connaissances botaniques.

La ville Canopée

Montréal (Canada) – Barcelone (Espagne) – Abu Dhabi (Émirats arabes unis)

La ville a chaud.

Canicules, sécheresses et incendies se multiplient au cœur des métropoles mondiales. Le phénomène est global. La NOAA (Agence américaine d'observation océanique et atmosphérique) note que les sept premiers mois de 2017 ont été les plus chauds enregistrés à la surface du globe depuis le début des relevés de température en 1880. Tokyo, Bordeaux et New York s'accrochent à leurs petites bouteilles d'eau minérale. La ville-monde affiche un avis de chaleur excessive, noie les habitants sous les recommandations et transforme les bibliothèques municipales en centres de rafraîchissement. On parle de stress thermique, un terme jusque-là destiné aux plantes et aux animaux.

Par la concentration de ses activités et de sa population, mais aussi par la conception même de son tissu, la ville crée un microclimat, une bulle qui piège la chaleur.

Les scientifiques définissent le phénomène en termes d'îlots de chaleur urbains, ou ICU. Associé au réchauffement climatique planétaire, il porte la ville à ébullition.

Pour réaliser ce qu'est un îlot de chaleur, un voyage à Montréal s'avère très efficace. Sur le boulevard de l'Acadie, qui sépare la ville de Mont-Royal du quartier de Parc-Extension, la différence de température entre les deux rives varie aujourd'hui de six degrés Celsius en plein été. On accuse l'intensité de la circulation automobile, le couvert végétal inégal, la morphologie urbaine, la densité des parcellaires, le revêtement des surfaces de sol et des bâtiments, mais aussi les pratiques et les cultures urbaines de ces deux morceaux de ville. Autant de variables qui complexifient la cartographie des points chauds de la ville.

L'ICU est d'abord un ennemi intérieur, une créature produite par la ville elle-même. Il naît d'une équation fragile et instable : plus la ville est habitée, plus elle risque de multiplier ses coups de chaud. C'est la combinaison de trois facteurs aux aléas du climat qui provoque le phénomène : perméabilité des sols, morphologie du bâti et composition de la peau des villes. Modifier l'un des paramètres met en déséquilibre l'ensemble du système.

La canicule n'est que le premier symptôme d'une ville fiévreuse.

Les incendies ravagent ses franges forestières, contaminent son air. La sécheresse de ses terres nourricières met en péril ses ressources en eau, son agriculture. Certaines villes doivent aussi faire face à des tempêtes de sable inédites. Et pourtant, le nombre de migrants qui cherchent refuge en ville augmente.

Les risques sanitaires sont eux aussi cumulatifs. L'eau potable vient à manquer, entraînant la déshydratation. L'eau stagnante chauffe, invitant moustiques et épidémies (chikungunya, dengue, Zika). La qualité de l'air diminue au gré des microparticules piégées, et les allergies grimpent en flèche.

Contre ces attaques multiples et coordonnées, la ville Canopée entre en résistance.

Les programmes scientifiques se multiplient : ils cherchent à comprendre et mesurer le phénomène avec précision. ACCLIMAT, VURCA, MUSCADE et autres acronymes de combat occupent les chercheurs planétaires qui échangent des cartographies complexes et nouvelles de nos villes. Les expériences de conception intégrée, mêlant urbanistes et météorologues, se multiplient à Vienne, Stuttgart ou Toulouse. Barcelone se dote d'outils de mesure permettant l'orientation des schémas de planification. Paris, comme bien d'autres villes outre-Atlantique, s'offre une Agence du climat, sentinelle et conseil. Les architectes redécouvrent les trésors de créativité des cités anciennes, du *M'zab* algérien aux *pueblos* d'Arizona. Les bâtiments déploient des doubles peaux, des façades moucharabieh et des tours à vent futuristes. Les urbanistes parlent maillage et les paysagistes ombres et évapotranspiration. Mais il est plus difficile d'intervenir sur une ville constituée, souvent même patrimoine historique, que de concevoir un climatiseur urbain au milieu du désert ou des champs.

La ville Canopée est diverse. Voici cinq de ses parades :

La ville Forêt pousse lentement

Pour lutter contre les îlots de chaleur, la ville installe la meilleure couverture végétale possible : d'abord un patrimoine naturel à soigner, puis de nouvelles pièces à jardiner : forêts linéaires, ceintures potagères, boulevards-prairie et autres paysages hybrides. L'épaisseur fertile garantit fraîcheur et hydratation des terres, boit la pluie et transpire par phyto-évaporation et régule le microclimat urbain. Un choix avisé des plantes permet de stabiliser ou d'aérer les sols, de contrer la sécheresse et les pluies orageuses. Certaines espèces résistent aux flammes, d'autres fabriquent des nuages. D'autres encore réduisent la facture d'entretien et, par bio-association intelligente, créent des écosystèmes fonctionnels capables de croître sans l'homme. Beyrouth et Las Vegas s'adaptent.

La ville Moulin maîtrise les vents

Elle profite des courants d'air pour se rafraîchir en implantant sur leur parcours forêts, prés humides et autres paysages luxuriants. Les courants d'air sont refroidis, humidifiés par les microclimats de ces poches végétales et soufflent ensuite leur bienfait sur les quartiers proches. C'est une amélioration d'une pratique urbaine bioclimatique traditionnelle dans les pays chauds, des tours à vent d'Iran ou d'Égypte au tissu des places triangulaires de Tolède, pensées autour des effets venturi et des courants d'air. Le filtre végétal rafraîchit et diminue la pollution de l'air soufflé. On parle de *Cool Breeze*. À Chicago, on l'étudie avec sérieux dans les laboratoires urbains.

La ville Parasol crée de l'ombre

La ville filtre les rayons du soleil : masque perforé, pergolas, casquettes en porte à faux et parasols géants couvrent la ville. Lorsque l'urbanisme ne permet pas un lacis de ruelles étroites et de canyons ombragés, ses vides convoquent des parcs arborés à large couronne, des vagues textiles suspendues et des panneaux photovoltaïques pour protéger dessous et produire dessus. La cinquième façade de la ville devient paysage.

Phoenix déploie une ombrière photovoltaïque depuis le centre de son campus universitaire. J'accompagne Engie sur celle du campus de Columbus en Ohio.

La ville Blanche reflète le soleil

La ville soigne sa peau. Elle protège du soleil par réverbération et concentre son énergie pour la consommer. Les transferts de chaleur, vecteurs physiques des ICU, se font en grande partie par absorption et par convection de l'énergie solaire sur l'enveloppe des édifices et sur les surfaces minérales des sols. L'inertie de ces peaux guide la capacité d'accumulation de la chaleur. L'albedo définit son pouvoir de réflexion, capable de détourner, de renvoyer ou de concentrer les rayonnements solaires. Plus la peau est sombre, plus la chaleur est élevée. Bienvenue donc aux villes Blanches. La rugosité de la peau enfin, complice du vent et de la bise, atténue, freine ou encourage la dissipation de la chaleur accumulée. Elle est le fruit de la texture du matériau, de son microrelief, mais aussi de la composition de ses percements et de ses pores à l'échelle de la ville. Les rues de Lyon et les places de Marseille changent de couleur.

La ville Barrière bloque le sable et le feu

La ville coupe l'avancée du désert ou plus justement de la désertification de ses franges en assurant l'enrichissement des sols et l'adaptation d'un paysage productif partagé. Elle coupe aussi les tempêtes de sable et de poussière, en opposant à l'assaut des déserts un filtre végétal et une barrière protectrice naturelle qui ne se laisse pas ensevelir. Enfin, elle multiplie les coupe-feu qui ralentissent, détournent ou étouffent les incendies de ses forêts péri-urbaines habitées : réserves foncières peu inflammables, corridors de feu, gestion appropriée des paysages, et combinaison du génie végétal et du jardinage alternatif. Montpellier repense ses bords et les garrigues du bassin versant du Lez.

Retour à *Montréal*.

Ici, on a essuyé cinq canicules lors du seul été 2017. Le Canada souffre du réchauffement planétaire : incendies de forêts, vagues de chaleur et nouvelles espèces invasives qui mettent en péril son équilibre écologique. La Région métropolitaine de Montréal s'étend sur cinq cents kilomètres carrés et accueille plus de quatre millions d'habitants. Plus d'un tiers de son territoire est concerné par des phénomènes d'îlot de chaleur urbain.

La métropole mise sur son patrimoine vert et développe pour le protéger et le développer de nombreux outils législatifs et opérationnels cohérents. Son Plan d'action canopée dispose de cinquante millions d'euros sur dix ans. Selon la banque Toronto Dominion, le pari est rentable : les bienfaits économiques annuels rendus par la forêt urbaine de Montréal sont estimés à plus de dix-huit milliards d'euros. L'objectif de Canopée est double. Le patrimoine vert en place doit être maintenu, protégé et enrichi par une gestion écologique : dix éco-territoires reconnus, un réseau de vingt-cinq grands parcs, mille quatre cents parcs de quartier et une mosaïque de milieux naturels riches, des ripisylves de la Rivière-des-Prairies aux friches interstitielles. Les 1,2 million d'arbres du domaine public sont géolocalisés par drones. Leur santé est veillée par une intelligence artificielle, qui connaît, en temps réel, pour chaque individu, son niveau de stress selon les fluctuations du contexte local. Les missions de sauvetage et de replantation sont chirurgicales.

L'ennemi numéro un est un coléoptère asiatique vert métallisé : l'*agrile du frêne*. Il menace vingt pour cent de la strate arborée d'ici quinze ans. Ensuite, Canopée veut étendre la forêt urbaine : cent vingt mille arbres à grand développement sont attendus sur le domaine public et cent quatre-vingt mille sur le domaine privé. Ceux-ci sont coordonnés par des associations et organisations à but non lucratif, multipliant actions locales et sensibilisation des citoyens pour une participation active à leur qualité de vie et leur santé. L'arbre symbole cache les nouveaux milieux qu'il convoque et qui garantissent l'équilibre écologique et la résilience du patrimoine vert. Avec l'aide de l'école, de la ville et d'un comité de riverains, Rosemont-La Petite-Patrie transforme une rue en oasis de fraîcheur au cœur d'un quartier de deux cent quarante-deux aînés et de quatre cents enfants sensibles à la chaleur. Sept cent trente mètres carrés d'asphalte sont remplacés par un jardin de papillons au pied de sa nouvelle bibliothèque. Alexandra Pier projette sa renaissance : l'ancien dock portuaire du Saint-Laurent devient un parc suspendu et verdoyant. Le programme Rue Verte initie au transport doux en recalibrant des voiries. Les jardiniers amateurs sont invités à cultiver l'asphalte : élargissement des fosses d'arbres, nouvelle géométrie de la rue, mélange de sol filtrant les polluants, gestion des eaux optimisée et alternatives au salage hivernal, létal pour Canopée et sa biodiversité.

Plus près de chez nous : *Barcelone.*

Au cours des cinquante dernières années, la capitale de la Catalogne a urbanisé près de quarante-huit pour cent de son territoire au détriment des sols agricoles : plaine alluviale, terrasses sèches des massifs de l'Ordal et terres d'élevage. Pour sa défense, elle est piégée par sa géographie : les six cent trente-six kilomètres carrés de ville sont confinés entre la sierra de Collserola, la ligne de côte et deux fleuves, Llobregat et Besòs. Dans le plan urbain en damier de Cerdà, imaginé au XIXe siècle, la trame ouverte à la brise marine était combinée aux fleuves bordés de jardins productifs, et aux cœurs d'îlots, pensés comme des oasis luxuriantes. Plusieurs générations de spéculateurs immobiliers plus tard, on compte moins de deux mètres carrés d'espace vert par habitant dans le quartier d'Eixample, l'un des plus accablants de chaleur. Dans les années 1980, Barcelone s'est distinguée par sa politique novatrice d'espaces publics. Les nombreuses créations de places minérales ultradessinées au cœur du tissu sont devenues la référence d'aménagement de qualité, suivie par des villes comme Lyon ou Paris dans leur reconquête urbaine. Aujourd'hui, l'agence d'urbanisme Barcelona Región défend une nouvelle image, convoquée par la contrainte climatique. Le parvis devient jardin luxuriant et ombragé. La clairière de pierre se transforme en palmeraie. À l'instar des stratégies de plantation par strate des antiques vergers égyptiens, Barcelone réinvente les ombrages par paliers. Le palmier fait de l'ombre à l'oranger, dont la couronne de feuilles protège du soleil direct les baies basses de l'argousier, lui-même masque solaire pour les gourmandes vivaces couchées sur le sol. La future plaza de las Glòries, vaste carré de vide soustrait à l'emporte-pièce dans la trame de Cerdà, renaît. La palette végétale et sa distribution étagée multiplient les bienfaits de l'ombre. La composition est le résultat du croisement d'un schéma fonctionnel d'usages (la place est un nœud infrastructurel) et d'une cartographie climatique.

Dans le centre-ville, le Passeig de Sant Joan bénéficie de la même logique : une strate herbacée rafraîchit le socle scarifié du boulevard promenade, protégée par des massifs arbustifs qui dessinent des chambres d'intimité et des salons de jeux d'enfants. L'ensemble vient se glisser sous les frondaisons hautes des platanes et d'une canopée assombrie en rive, filtre dentelle de feuilles persistantes le long des façades 1900.

Dernier coup de chaud : Abu Dhabi

Le golfe Persique est le berceau de l'Arabie saoudite, mais aussi des Émirats arabes unis, de l'Irak, de l'Iran et du Qatar. C'est aujourd'hui déjà l'un des lieux les plus chauds du monde. On y recense des indices de chaleur records, combinaison de températures extrêmes et d'humidité. Abu Dhabi se situe dans le sud-ouest des Émirats arabes unis, pincée entre le désert du Rub al-Khali et sept cents kilomètres de littoral déchiqueté. Son climat aride subtropical subit lui aussi les effets du changement climatique. Une récente étude scientifique prophétise des étés sur le golfe à quarante-cinq degrés Celsius de moyenne d'ici la fin du siècle avec des pics de chaleur humide proche de quatre-vingts degrés Celsius dans les grandes villes comme Abu Dhabi, Doha et Dubaï. De telles canicules auront un impact sanitaire, économique et culturel important. Jusqu'aux rituels de prières extérieures du *hadj* suivis par des millions de pèlerins musulmans. Depuis quelques années, l'émirat multiplie les programmes de diversification et libère l'économie pour réduire sa dépendance au seul secteur des hydrocarbures. Tourisme, immobilier et distribution sont engagés dans la recherche d'un monde soutenable porté par une technologie omniprésente, verte et démonstrative. Le nouveau parc Al Fayah, une oasis luxuriante au cœur des nouvelles extensions d'Abu Dhabi, se protège des températures extrêmes sous une croûte artificielle de désert. De gigantesques plaques portées par des massifs de béton habités aux formes organiques déploient à vingt mètres au-dessus du sol une canopée craquelée comme la peau brûlée du désert.

Dessous, le parc articule jardins souterrains, palmeraie augmentée, oueds hybrides, piscines, bibliothèques et commerces connectés. Moitié bâtiment, moitié parc, la caverne artificielle de cent vingt-cinq mille mètres carrés limite l'évaporation, recycle ses eaux et irrigue une végétation d'ombre à l'abri du désert entre le nouvel hôpital Al Noor et la cité des sports Zayed. L'ancien tapis d'herbes fragiles qu'elle remplace, écrasé par le soleil, était jusqu'ici arrosé à grands frais par l'eau désalinisée du golfe et ne rapportait rien.

La ville Canopée pourrait bien n'être demain réservée qu'à une poignée d'entre nous. Les places sous les parasols à la plage sont toujours très convoitées.

La ville qui nous transporte

Cinq chemins de traverse de Liuzhou (Chine) à Kibuye (Rwanda)

Bienvenue dans l'*Airpocalypse*.

Le ciel est poisseux ce matin sur Pékin, inutile d'attendre le soleil. Pour le cinquième jour consécutif, le nord-est du pays est plongé dans un brouillard de pollution toxique. Il couvre déjà quarante villes et quatre cent soixante millions d'urbains. Le taux de particules fines dans l'air est ici huit fois plus élevé que le seuil toléré par l'OMS. Quarante fois à Harbin, onze millions d'habitants au nord de la capitale. Même Lhassa, la tibétaine, est sévèrement touchée. À l'origine de cette brume, deux causes principales : la production d'énergie dont soixante-dix pour cent sont issus du charbon (mille centrales à travers le pays brûlent chaque année la moitié de la production mondiale) et l'explosion du trafic automobile. En sept ans, le nombre de voitures a triplé : un nouveau véhicule grossit le parc automobile chinois toutes les deux secondes. Les émissions de monoxyde de carbone, d'ammoniac et de dioxyde de soufre sont en constante augmentation, mais c'est le taux de particules fines qui inquiète. Les plus redoutables (PM2,5) s'infiltrent dans les poumons : allergies, asthme et cancers. Les mesures effectives du gouvernement restent timides mais les coups médiatiques, ciselés, stimulent l'imaginaire. Écoutez les promesses de ces villes-forêts, peuplées de tours végétales dépolluantes. Liuzhou, au sud du pays, doit sortir l'une d'elles d'ici deux ans. Stefano Boeri, l'architecte du résidentiel Bosco Verticale de Milan, est confiant : les quarante mille arbres et le million de plantes attendus avaleront dix mille tonnes de dioxyde de carbone et cinquante-sept tonnes de polluants par an tout en produisant neuf cents tonnes d'oxygène. Deux autres de ces villes-arbres sont en chantier près de Nanjing. Singapour, Paris et Toulouse plantent leurs propres forêts verticales habitées.

Mais l'Airpocalypse ne s'arrête pas aux frontières de la Chine. Quatre-vingt-quatorze pour cent des véhicules motorisés fonctionnent encore avec des carburants provenant du pétrole. L'Agence internationale de l'énergie attribue les émissions de CO_2 pour trois pour cent aux trains, onze pour cent aux avions et aux bateaux, vingt-quatre pour cent aux camions et aux bus et à plus de cinquante et un pour cent pour les voitures. Depuis cinq ans, l'Europe et la France sont touchées par des vagues sans précédent de pollution aux particules. Sur le Vieux Continent, elles tuent quinze fois plus que les accidents de la route. Verdir tous les toits de la capitale suffirait-il ?

La mobilité est devenue l'un des axes majeurs de réflexion des villes qui font le pari d'un air respirable. Absorber les polluants bien sûr, mais la vraie révolution exige un changement de paradigme dans nos mobilités.

Cécile Maisonneuve, la directrice du *think tank* La Fabrique de la cité, nous avertit : « Une ville sans voitures est aujourd'hui impossible. On parle souvent des mobilités de personnes, mais on oublie que plus de trente pour cent des mobilités urbaines transportent les biens qui alimentent la cité. Comment voulez-vous l'arrêter étant donné nos habitudes de consommation ? »

Les objectifs fixés par les Plans Climat et portés fièrement par les maires dans la compétition mondiale des villes sont ambitieux. Paris prédit la fin des véhicules diesel pour 2024 dans son cœur, et des véhicules thermiques en 2030. Douze de ses homologues du C40, dont Quito, Vancouver, Mexico, Curitiba et Los Angeles, se sont engagés au sommet annuel du Together4Climate à multiplier les zones zéro émission de leurs territoires. Copenhague vise cinquante pour cent de déplacements à bicyclette d'ici 2025. Madrid interdit les voitures dans une partie de son cœur historique. Oxford idem. Colloques, programmes de recherche, Grenelle et Hacking des Assises de la mobilité stimulent l'essaimage des idées innovantes. Même le Grand plan d'investissement 2018-2022 du nouveau gouvernement français investit quatre milliards d'euros dans la transition écologique des nouveaux transports. La tendance est à l'optimisation des réseaux en place et à l'agilité plus qu'à de nouveaux grands projets d'infrastructure. Le Premier ministre Édouard Philippe en est persuadé : « Ce qui importe aujourd'hui est moins le mode de transport que la possibilité de voyager de porte à porte le plus simplement possible. Pour y parvenir, on doit pouvoir combiner plusieurs solutions, le plus souvent à partir d'un smartphone. »

Vive l'espoir porté par la révolution numérique.

Les temps changent, tant mieux. Pour réduire ses émissions de GES (gaz à effet de serre) et retrouver un ciel respirable, la ville compose aujourd'hui avec quatre dynamiques.

En premier lieu, elle vise la *limitation* des véhicules thermiques polluants. Elle les interdit d'abord dans son hypercentre. Amsterdam exige une carte de résident (six cents euros par an) pour s'y garer. Londres généralise le péage urbain de sept à dix-huit heures, du lundi au vendredi (une dizaine d'euros par jour). La City a déployé un filet tentaculaire de caméras punitives sur tout le territoire de la métropole qui vous envoient des amendes en temps réel sur votre smartphone. Les ignorer coûte cher. Ces dispositifs font débat, leurs conséquences socio-économiques peuvent sembler ségrégationnistes. Oxford, Berlin, Bruxelles et Madrid définissent des zones à faible émission, des territoires zéro carbone et des bulles piétonnes. Oslo et Hambourg ferment leurs parkings et en récupèrent les surfaces pour créer des parcs, des aires de jeux, des équipements et des écosystèmes fonctionnels. Bien sûr, ces limitations ne sont pas acceptables si aucun relais alternatif n'est planifié : multiplication des offres de transport public, facilitation des intermodalités, réseaux connectés de voies cyclables sécurisées et de promenades publiques, incitations financières, aides, primes et subventions à la transition.

Ensuite, la ville qui nous transporte compte sur le *partage*. Celui de l'espace d'abord. La voirie des Trente Glorieuses, dessinée par et pour l'automobile, est obsolète. Alors elle devient boulevard-jardin, allée métropolitaine, corridor écologique et parc linéaire partagé. Elle s'ouvre au vélo, à la trottinette, aux gyroroues, à l'*hoverboard* et aux échasses articulées. Puis elle partage ses véhicules : tramways, métros et metrocables, mais aussi covoiturage et Autolib'. Ce partage-là mise sur le numérique et l'échange de données en temps réel.

Cette ville mobile convoque aussi la *fluidification* du trafic. La pollution augmente dans les embouteillages. La chasse aux congestions et à la saturation est ouverte. L'arme est ici encore numérique : quoi de plus efficace qu'une intelligence artificielle afin de calculer le trajet le plus rapide pour qu'une ambulance rejoigne l'hôpital sans délai ? Si en plus elle gère à distance les feux de signalisation pour lui ouvrir la voie, vous avez encore plus de chances de survivre. Dijon le fait depuis des années. Bienvenue à la ville intelligente et ses *smart grids* décongestionnantes. Une autre révolution pour fluidifier les routes arrive dans nos villes. Les voitures automatisées et les véhicules sans chauffeur apprennent à se garer seuls, et le gain de place à prévoir est de vingt-cinq pour cent dans les parkings comme le démontre Chicago. Basculez ainsi tout le parc automobile chinois (cent millions d'autos) et vous libérez trois fois la surface de Paris : autant d'opportunités de reconquête.

Enfin, la ville mobile peut aussi compter sur la *dématérialisation* de nos déplacements. Pas celle de la télétransportation chère à *Star Trek*, mais bien celle des échanges de données à la vitesse de la lumière (ou presque), des visioconférences, du télétravail, de la télémédecine, des formations en ligne et des bureaux portables qui tiennent sur votre poignet ou ne sont pas plus épais qu'un magazine. Voici venue l'ère du très haut débit, du coworking café et des territoires ruraux ultraconnectés. La fibre nous relie de Fortaleza

(Brésil) à Wall Street et de Polminhac (Cantal) à Los Angeles. Les start-up font leurs adieux au transport pendulaire.

La ville gagne sur tous les tableaux. Elle libère de la place et du temps. Leur utilisation est l'affaire de chacun. Le temps de trajet devient une parenthèse, un moment pour analyser l'information mondiale, pour traiter les courriels en retard, dialoguer en réel ou à travers les réseaux sociaux avec d'autres connectés en transit, le temps de lire, d'écrire ou de rêver. C'est un *temps de cerveau disponible*. À l'heure du burn-out, il est à double tranchant. Quant à la place gagnée par les éco-mobilités, la ville hyperactive déborde d'idées sur ses métamorphoses.

Voici cinq révolutions en marche.

La superautoroute à vélos est confortable, sécurisée et éclairée. Certaines produisent leur propre énergie à partir des capteurs photovoltaïques intégrés dans leur revêtement, d'autres sont rythmées d'œuvres d'art, de relais Wi-Fi, de bornes de rechargement électriques gratuites, de parapluies géants et de brise-vent. Copenhague lance un mobilier adapté : corbeilles inclinées et rampes aux feux tricolores pour éviter de poser le pied à terre. Les silos de parkings à vélos rivalisent d'audace architecturale.

Le concept naît aux Pays-Bas en 2006 : le long des autoroutes encombrées, la superautoroute à vélos offre une alternative visible aux conducteurs frustrés. Les Danois s'emparent du concept et engagent cent trente-quatre millions d'euros sur dix ans dans et autour de Copenhague. La première ouvre en 2014. Depuis, onze autres irriguent la capitale. On y compte désormais plus de vélos que de voitures. Deux tiers des habitants n'ont pas d'automobile, et quarante pour cent de la population se rend quotidiennement à l'école ou au travail en vélo. La ville a même édité un guide en huit langues destiné aux règles de bonne conduite pour les touristes à deux roues. Copenhague a réduit ses émissions de GES de près de vingt mille tonnes par an. Emballé, le gouvernement norvégien vient d'annoncer la construction de ces dispositifs dans les neuf plus grandes villes du pays. Oslo remplace cinquante-six kilomètres de routes automobiles par des voies cyclables royales. Francfort, Hambourg, Munich, Berlin et Nuremberg tissent un réseau périurbain et métropolitain. Dans la région industrielle de la Ruhr, la distance entre les villes varie de dix à seize kilomètres : idéal pour aller au travail à vélo. On construit ici la plus grande autoroute à vélo du monde : cent kilomètres, dix villes, quatre universités et plus d'un million de cyclistes attendus. Paris veut devenir la capitale du vélo et débloque cent cinquante millions d'euros pour doubler ses sept cents kilomètres de pistes d'ici 2020. Le boulevard Bourdon inaugure un tronçon prototype du futur réseau REVe, le réseau express des vélos parisiens. À Londres, l'architecte Sir Norman Foster imagine SkyCycle : des tubes transparents aériens pour vélos, au total deux cent vingt kilomètres de voies aériennes clipsées au sommet des structures ferroviaires de la City. Ce sont deux cents points d'accès pour six millions d'utilisateurs potentiels et douze mille vélos par heure. Les cyclistes pourront bientôt pédaler dans le ciel comme Peter Pan pour trois cent soixante-cinq millions d'euros.

La rue partagée

À Drachten aux Pays-Bas, vingt mille véhicules, des centaines de vélos et de piétons se croisent sur plusieurs carrefours sans trottoirs, sans bande cyclable ni feux tricolores. Le dispositif refuse la fragmentation des rues en couloirs rapides monofonctionnels : trottoir, fil d'eau, piste à vélo, couloir bus, voitures. Pour Hans Monderman, le père du projet européen d'« espace partagé », la ville ne doit plus subir ses rues mais y vivre. Le succès populaire est immédiat en Suisse, en Allemagne, en Espagne, au Danemark et en Belgique. Les rues partagées se multiplient à Bienne, Köniz, Copenhague et Grenchen. Elles suivent des principes simples. Une seule règle : la priorité à droite. L'être humain revient au centre de l'aménagement qui favorise le contact visuel entre les usagers, mis sur le même niveau, plutôt que la signalétique. Tous ont les mêmes droits. Monderman préconise le « chaos productif », une sorte de flou qui pousse les usagers à se respecter. La France, d'abord fort sceptique, l'a régulé et appelé *zone de rencontre*.

Le cable

Le tramway a conquis vingt-huit villes de l'Hexagone, du Havre jusqu'à Nice. Le secteur immobilier grimpe le long de ses lignes. Strasbourg l'a compris la première. Le « tramway à la française » est devenu synonyme de requalification urbaine de qualité : tapis vert impeccable, sites propres, quais en pierre noble ou en bois, mobilier urbain dessiné par les plus grands, éclairages travaillés, bosquets arborés et plates-formes de services connectés.

Le tramway est une vitrine à l'étranger, en particularité auprès des pays méditerranéens voisins comme le Maroc et l'Algérie… Mais son impact environnemental réel est discutable. Seul deux pour cent des utilisateurs sont des automobilistes convertis. Son coût est prohibitif : vingt-cinq à trente millions d'euros par kilomètre. Les villes lui préfèrent aujourd'hui le Metrocable : plus souple, adaptable, léger, ludique, panoramique. À Caracas (Venezuela), comme à Medellín (Colombie), on l'utilise pour désenclaver une marée de bidonvilles et grimper à l'assaut de pentes friables. Chaque pile est l'occasion d'un microparvis communautaire, un repère dans le labyrinthe informel. À Brest, il relie les deux rives de la rivière Penfeld et dessert fièrement le nouvel éco-quartier des Capucins, tenus jusque-là à l'écart du centre. À Grenoble, ses bulles rondes relieront en 2021 Fontaine à Saint-Martin-le-Vinoux : cinquante-cinq millions d'euros pour huit mille cinq cents voyageurs par jour. L'Île-de-France mûrit son premier téléphérique : le Téléval qui liera en 2020 les communes de Villeneuve-Saint-Georges, Valenton, Limeil-Brévannes et Créteil dans le Val-de-Marne. Électrique, accessible par tous, le Téléval volera du plateau villeneuvois au *hub* de Créteil en dix-sept minutes. En bus, il en faut quarante. Il s'inscrit dans un projet de reconquête d'espaces fertiles plus vaste, porté par la région et son Agence des espaces verts. La coulée verte de la Tégéval s'étire sur vingt kilomètres jusqu'aux frontières de la Seine-et-Marne. Le premier tronçon a été inauguré par un pique-nique géant en mai 2017.

Les sentiers métropolitains

La ville est *walkable* comme disent les Américains, qui ont mis au point un logiciel pour calculer le *walk-score* des villes. Lille Métropole souhaite faire de la marche le premier mode de déplacement métropolitain d'ici 2020. Elle a planifié la requalification de quatre mille sept cents kilomètres de voiries, soixante kilomètres de trottoirs le long des départementales, des passerelles pédestres, zones trente et zones de rencontres adaptées. La marche est écologique, économique, aisément accessible socialement et bonne pour la santé (avez-vous marché vos dix mille pas conseillés par l'OMS aujourd'hui ?). Mais surtout, elle constitue un outil d'appropriation de la ville par les usagers qui la vivent. C'est la rue qui fait la ville. C'est ici que se développe l'urbanité. La marche dépasse la seule logique des flux. Une ville *walkable* doit être hospitalière pour les piétons, accessible, attractive et confortable. De larges trottoirs ou une immense zone piétonne ne suffisent pas. Elle répond à quatre grandes règles.

D'abord *effacer les coupures urbaines* pour permettre au marcheur de parcourir son territoire sans discontinuités. Les passerelles piétonnes se multiplient. À Bordeaux, le nouveau pont Jean-Jacques Bosc défend le concept de « plaque capable », une sorte de plate-forme élargie flexible qui peut accueillir un tramway, quatre voies automobiles, un marché ou une foire foraine, un cinéma en plein air ou un concert et autant de marcheurs réenchantés.

Ensuite la ville marchable doit *stimuler la curiosité* par la richesse de ses parcours. De nouveaux métiers font leur apparition : Wildproject est éditeur français d'itinéraires mêlant géographes, paysagistes et artistes. Ils déploient des « sentiers métropolitains » à forte dimension culturelle qui permettent de découvrir le territoire sous un jour nouveau et d'irriguer les franges péri-urbaines. Ils ont déjà balisé le Grand Tunis (cent quatre-vingts kilomètres de sentiers sur quatre gouvernorats), le Grand New York, le Grand Paris (cent vingt kilomètres entre Saint-Denis, Créteil et Versailles) et la métropole Marseille-Provence qui a été la première au monde : son GR2013 court sur trois cent soixante-cinq kilomètres. Milan et Londres tracent les leurs.

Le marcheur impose aujourd'hui aussi de *rendre la ville ludique.* C'est l'affaire du mobilier souvent et des appropriations temporaires. Connaissez-vous Superkilen à Copenhague ? La rue s'est élargie et accueille des mobiliers de soixante pays, et autant de pratiques culturelles originales, sur un tapis rouge vif (béton coloré, asphalte et caoutchouc). Vous y trouverez des bancs brésiliens de Copacabana, des tables de ping-pong espagnoles, un ring thaïlandais, des tables d'échecs new-yorkaises, des barbecues texans, un poulpe géant noir pour les enfants pêché à Dubaï et des sacs de boxe français. Montréal a ses roues interactives pour le piéton qui souhaite une cure de luminothérapie, Amsterdam déroule sa « Red Carpet » et Rotterdam son « City Lounge ».

Enfin, la ville marchable doit *penser l'intermodalité* en comptant sur la marche comme la première des mobilités. Les applications numériques ne manquent pas : Moovit, Tranzmate et Citymapper vous indiquent en temps réel l'itinéraire le plus rapide, tous modes de déplacement mélangés, à commencer par vos pieds. Quelles leçons peut-on en tirer pour nos plans piétons métropolitains ?

Le droneport

Quelquefois la ville n'a pas de routes. Quelquefois celles-ci existent mais sont impraticables ou insécurisées, à la merci des pirates. En Afrique, le coût des produits importés peut augmenter de quarante pour cent à cause des aléas du transport. L'amélioration des infrastructures est une priorité mais la facture est lourde. Au Rwanda, le pays aux mille collines, de nouvelles voies asphaltées sont en construction, de Kigali à Bujumbura (Burundi) et Goma (République démocratique du Congo).

C'est ici aussi qu'on attend le premier droneport du monde, à Kibuye, sur les rives du lac Kivu. Cinq dômes au bout d'une piste de terre ocre réceptionnent des drones de trois à six mètres transportant des colis de dix à cent kilos (volaille, médicaments ou poches de sang). Le droneport abrite une clinique et une poste. C'est la nouvelle polarité de la ville, l'arbre à palabre d'un monde nouveau, imaginé en Suisse, au sein du centre Afrotech de l'École polytechnique de Lausanne par Jonathan Ledgard et Sir Norman Foster. À terme, les drones assureront dix à quinze pour cent du transport de marchandises du pays. Ils sont réservés en priorité aux zones pauvres et reculées où ils assureront la livraison des produits de première nécessité. Les Angolais, les Botswanais, les Ougandais, les Tanzaniens et les Mozambicains sont intéressés. L'architecture du droneport est *low-tech :* autoconstruction et matériaux locaux.

À Pékin, Hong Kong, Dubaï et Singapour, on pense déjà aux futurs véhicules unipersonnels volants et à la manière de les garer au sommet des tours panoramiques surplombant l'horizon urbain.

« Un citadin à l'arrêt est un citadin mort. » Ainsi s'ouvrait l'un des colloques sur la mobilité à l'autre bout du monde. Le matin, sur les quais de l'Ourcq, on peut voir les Parisiens bondir, glisser, patiner, jogger, trottiner, nager, pagayer, rouler, grimper et déraper. *Speed-reading*, speed-dating, flash mobs et *power-nap* (une sieste éclair). Quelle santé !

En 1839, la mode consistait à promener des tortues dans les passages parisiens.

Adieu aux autoroutes urbaines

Séoul (Corée du Sud) et sept escales rapides : Milwaukee, Portland, New York, San Francisco, Montréal, Miami et Vancouver

À partir des années 1940, les grandes villes américaines suivent l'exemple de Detroit, « Motor City » (la ville du moteur), et planifient leurs propres autoroutes urbaines. Les politiques sont convaincus : pour sauver les centres-villes d'un déclin inéluctable, il faut les rendre accessibles en voiture depuis les banlieues pavillonnaires des classes moyennes. Le modèle plaît et s'exporte à Buenos Aires, Rio, Mexico et toute l'Europe des années 1960. Bruxelles creuse sans complexe dans le centre-ville des voies rapides pour accueillir la fameuse Expo58. Rome, Londres et Paris déroulent leurs voies de contournement : grand annulaire, orbital et périphérique. La conception du schéma directeur de la région parisienne de 1965 s'inspire largement des principes américains. L'automobile, c'est le futur ! Souvenez-vous de Monsieur Hulot dans le film *Mon oncle* de Jacques Tati.

Le réseau routier rapide joue un rôle indiscutable dans la mobilité des biens et des personnes en ville. Mais il génère aussi des nuisances de moins en moins supportables pour ses habitants. Ce sont d'abord des nuisances écologiques agressant notre santé : pollutions de l'air, brumes, microparticules, gaz à effet de serre participant aux îlots de chaleur, niveaux sonores perturbants, soignés aux anxiolytiques. Ce sont ensuite des nuisances sociales, qui pénalisent des territoires entiers en les cloisonnant et en les stigmatisant. Il y a un dedans et un dehors, les Parisiens et les banlieusards, les quartiers nord et les quartiers sud, gauche ou droit, blancs ou noirs. Souvenez-vous des émeutes sociales de 1967 à 8 Mile Road, la route de séparation communautaire de Detroit.

Le modèle encourage les modes de vie automobiles, ce qui favorise l'étalement urbain, la congestion aux heures de pointe et l'occupation d'un espace potentiellement nourricier. Sous la pression démographique, de nombreuses villes se voient contraintes de pousser au-delà de leurs périphériques et de gommer la frontière entre le cœur et la couronne. Où s'arrête la voie rapide et où commence la ville ?

La tendance est aujourd'hui à la requalification de ces autoroutes urbaines en boulevards, avenues, promenades, contre-allées, forêts linéaires et parcs suspendus.

Direction l'Oregon. Réalisée dans les années 1940 le long de la rivière Willamette, au cœur de Portland, l'autoroute urbaine Harbor Drive est démolie dans les années 1970 et devient un parc urbain. Le centre-ville, décloisonné, reconquiert ses friches et ses entrepôts : Pearl District déploie logements, bureaux et commerces le long des berges retrouvées.

À New York, la façade ouest de Manhattan a longtemps été bordée d'une voie rapide surélevée à très fort trafic. À l'issue de trente ans d'études, la West Side Highway se métamorphose. C'est aujourd'hui l'un des espaces publics les plus attractifs de la Grosse Pomme sur l'Hudson River. New York multiplie les projets similaires. On connaît la très charismatique High Line, ancienne voie ferrée devenue promenade du gotha. Le plus actuel et emblématique projet est sans doute le Sheridan Boulevard, ancienne Sheridan Expressway, dans le South Bronx, l'un des quartiers les plus déshérités au nord de Manhattan.

Décollons pour la Californie. Des années 1950 à 1980, le centre-ville de San Francisco est coupé de sa baie par un mur infranchissable : le viaduc à deux étages de l'Embarcadero Freeway. À la suite d'un séisme en 1989, le viaduc est remplacé par un boulevard et accueille même un sympathique tramway. C'est devenu l'un des lieux incontournables de la ville et le commerce y est florissant. San Francisco poursuit sa métamorphose avec Central Freeway, devenue Octavia Boulevard et Doyle Drive à Presidio Point.

Plus au nord, Vancouver s'enorgueillit d'être la seule ville d'Amérique du Nord qui n'a pas été traversée par une autoroute urbaine. Dans les années 1960, ses habitants s'opposent farouchement à tous les projets routiers. Seul un court tronçon réussit à sortir de terre : les viaducs Dunsmuir et Georgia. Mais depuis 2009, la ville a décidé de les supprimer définitivement pour libérer le développement urbain. Leurs jours sont comptés.

Petit détour dans le Wisconsin, au bord du lac Michigan. Le maire visionnaire de Milwaukee transforme le Park East Freeway en avenue arborée, la McKinley Avenue : vingt-sept hectares de foncier récupérés pour du logement, des bureaux et des grands équipements.

L'avenue reconnecte les quartiers nord de la ville au reste des dynamiques urbaines.

Cap sur le Québec. Montréal déconstruit l'autoroute Bonaventure A-10, principal accès au centre-ville depuis la rive sud du Saint-Laurent, et redonne vie ainsi au Havre, immense secteur industriel et portuaire où il fera bon vivre. Le nouveau boulevard Robert-Bourassa vient d'ouvrir au public.

Dernière escale rapide en Floride. Miami reconquiert de nouveaux territoires sous le Metrorail, un viaduc de béton pour train suspendu. De Brickell à Dadeland South s'étendra prochainement un parc linéaire de dix-sept kilomètres baptisé l'Underline : la ville nord rencontre la rive sud et ses plages iconiques.

En résumé, pour retourner une voie rapide en lieu de rencontre, on peut opter pour l'ablation ou la greffe.

La première enlève le viaduc, détruit le ruban rapide et le remplace par un espace commun. La deuxième conserve le squelette de l'infrastructure, le rend perméable, accessible, attractif, et lui greffe de nouveaux attributs.

Séoul choisit les deux opérations à dix ans d'écart.

Bienvenue au « pays des tigres qui fument ». Séoul est une ville tentaculaire, historiquement coupée en deux par la rivière Han, puis par l'Olympic Express qui a décidé de la longer. Défavorisés d'un côté, privilégiés de l'autre, voici l'éternelle chanson des villes modernes. Le noyau dur de Séoul, au nord, compte dix millions et demi d'habitants, l'aire métropolitaine vingt-six millions. C'est l'équivalent de Delhi, quatre fois notre Grand Paris.

En 2003, Lee Myung-Bak devient maire en défendant une idée forte qu'il va mettre directement à exécution : « Je veux une ville qui soit d'abord faite pour les gens, pas pour les voitures. » Deux ans après son investiture, le viaduc autoroutier suspendu Cheonggyecheon Expressway est démoli sur six kilomètres de long. Ses cent soixante-dix mille véhicules par jour sont redistribués autrement. Les quartiers voisins se reconstruisent autour d'une rivière oubliée et de vingt-huit hectares de nouveaux espaces publics. *Ablation* réussie en un temps record. D'après les experts, le trafic routier est même devenu plus fluide et décongestionne le centre.

Nous avons rencontré un expert de l'avifaune qui nous a présenté quatre-vingt-dix espèces d'oiseaux locales. Les pieds dans la rivière glacée, j'ai regardé des écolières en uniforme et leurs ballons rouges avancer comme une colonne de fourmis tisserandes. La ville s'est engagée entre 2009 et 2012 sur un programme de démolition de seize viaducs routiers. Les onze premières opérations sont une réussite.

Douze ans après la renaissance de Cheong, une branche autoroutière des années 1970 du quartier de la gare centrale devient un jardin suspendu : Seoullo ou *Skygarden* pour les anglophiles. C'est plus qu'un parc aérien. Seoullo est une nouvelle connexion urbaine, reliée physiquement et visuellement à son environnement. Le squelette original du viaduc est customisé. Voici venue l'ère du « tuning d'autoroutes » : escaliers, rampes, hôtels et équipements suspendus comme autant de calandres, d'ailerons et de jantes chromées, viennent magnifier l'infrastructure et sa carrosserie. Ils l'agrafent aux quartiers voisins, l'ancrent dans un territoire (re)conquis. Seoullo est un nouveau centre d'attractions avec lequel il faut désormais compter, un catalogue vivant des plantes coréennes (vingt-quatre mille végétaux, deux cent vingt-huit espèces et sous-espèces), une bibliothèque du patrimoine naturel du pays au cœur de la capitale.

Seoullo est noctambule, à la différence de la High Line new-yorkaise ou de la promenade plantée parisienne. J'y ai fait du trampoline à minuit, chassé les Pokémons, contemplé les reflets métalliques de la ville depuis de vertigineux belvédères, et écouté les feulements des chanteurs de K-pop.

Greffe réussie : l'hybridation est parfaite et ne subit, pour l'instant, aucun rejet.

On peut se demander comment ça marche. Touchez au sens de circulation d'une voie dans une ville française, enlevez trois places de stationnement et vous récolterez la tempête, des réactions violentes des commerçants et des riverains. Tous les maires vous le confirmeront : c'est un sujet délicat dès qu'il devient opérationnel.

Séoul a une tactique infaillible : un patrimoine naturel à valoriser (rivière enterrée), un constat d'obsolescence structurelle du viaduc, des études appuyées par un cortège d'universités, des comités pour impliquer le citoyen (mille neuf cents réunions, deux mille trois cents visites collectives du terrain, vingt-cinq réunions de deux mille cinq cents personnes), l'inscription du projet dans un grand plan de revitalisation global qui repense la stratégie de circulation et les éco-mobilités à grande échelle, une réforme des systèmes de bus, l'intensification de l'offre des transports en commun et les études traitées en régie pour en garantir la cohérence.

Séoul s'est fixé d'ambitieuses réductions de GES pour 2030 : deux fois plus que Paris et les métropoles européennes. La ville n'hésite pas : elle prouve le possible car elle le sait nécessaire.

La ville Potager

Detroit (Michigan)

Les villes sont vulnérables. Au-delà des canicules, des inondations et des violences, leur vrai talon d'Achille c'est l'alimentation. Lisez le livre de Carolyn Steel, *Ville affamée* : la démonstration est éloquente, le problème mondialisé. Chaque jour, les villes sont approvisionnées de l'extérieur et dépendent du flux incessant de transport alimenté par le pétrole. Coupez-le. La ville tient trois, quatre jours, maximum. Au-delà, son frigo est vide. Sa fragilité grandit avec la croissance démographique galopante, les politiques d'aménagement des sols, les lobbys de la révolution verte et l'épuisement des terres.

La première à se saisir de cet enjeu a été la société civile. On connaît l'essaimage des maraîchages spontanés dans les grandes villes européennes pendant la révolution industrielle et les deux guerres mondiales. Les « champs des pauvres », les « *liberty gardens* » et les « jardins de la victoire » sont nés du besoin.

Acculés, les urbains réactivent et réinventent le modèle. Les stratégies se multiplient : on parle d'agriculture urbaine à Paris, de ville comestible à Toronto et de CPULs à Londres : *Continuous Productive Urban Landscapes.*

Les citoyens jardiniers développent un vivier de solutions pragmatiques pour améliorer l'approvisionnement local, cultiver l'écosystème urbain et préparer les villes à l'après-pétrole, en les rendant plus humaines. Des initiatives germent partout dans le monde, relayées par les réseaux sociaux. Vive la mondialisation ! Ces nouveaux maraîchers habitent des villes hypes comme Brooklyn et Singapour. On en rencontre d'autres dans le terreau de la grande pauvreté, des marges informelles de Rosario en Argentine aux paysages dévastés de ce que les théoriciens nomment les *villes rétrécissantes.*

Voilà un concept à contre-courant des idées reçues : la ville peut rétrécir.

À l'opposé de l'étalement banalisé des villes, certains tissus urbains s'effilochent et se réduisent. Suite à une crise économique majeure, les habitants quittent le navire et abandonnent leurs maisons. Sans entretien, la nature reprend ses droits sur l'asphalte.

Las Vegas rétrécit : le désert des Mojaves avance.

Baltimore rétrécit : des forêts de bouleaux pénètrent la cité.

Detroit rétrécit : la prairie fertile du Michigan convoque une nouvelle légende. Motor City, la ville mythique de l'automobile, s'étendait à son apogée sur trois cent soixante kilomètres carrés au bord des eaux métalliques du lac Michigan. En 1950, elle regardait rouler ses deux millions d'habitants en Ford et en Chevrolet à ailettes chromées. Charles Erwin Wilson régnait alors sur la General Motors. Il avait pour habitude de répéter : « Ce qui est bon pour le pays est bon pour la General Motors et vice versa. » C'est dire l'influence de Detroit sur l'identité américaine moderne. Detroit a tout donné à la voiture : des routes de béton, toute une panoplie de feux tricolores, et avant les autres villes du monde, de larges autoroutes urbaines en son cœur. Le cinéma devient *drive-in*. Les commerces se regroupent dans de vastes complexes festifs, cernés par des nappes de parkings géants. Ah, qu'elles avaient l'air heureuses ces ménagères en robe tulipe sortant des Cadillacs vert pâle sur les plages de la consommation ! Jusqu'il y a peu, un Américain sur huit était employé directement ou indirectement par l'industrie automobile. Avec les politiques de délocalisation, la désindustrialisation de la Rust Belt et la crise des *subprimes*, Motor City s'est vidée de son sang. C'est le plus grand exode de population urbaine de l'histoire des États-Unis : la ville a perdu plus de la moitié de sa population en quelques années. Il reste sept cent quatorze mille survivants à ce jour, la plupart afro-américains. Quarante pour cent vivent sous le seuil de pauvreté. Seul l'ouragan Katrina avait réussi un tel score, en 2005 à La Nouvelle-Orléans.

Les usines ferment à Detroit et les ouvriers plient bagage. Ceux qui n'ont plus l'argent pour rouler jusqu'au centre commercial doivent se rabattre sur les seuls commerces de proximité qui tiennent : fast-foods et *liquor shops*. Alcool, chips et hamburgers. Un rapport de 2007 alerte le ministère de la Santé sur l'insécurité alimentaire de cinq cent cinquante mille habitants de Detroit, plus de la moitié de la ville. La criminalité atteint des sommets : Detroit devient la ville des gangs et des super-policiers. Hollywood met en scène *Robocop*, souvenez-vous : cinquante pour cent homme, cinquante pour cent robot, cent pour cent flic. Abandonnés, brûlés pour toucher l'assurance ou démolis, les bâtiments s'effacent de la grille urbaine de Jefferson, cet immense quadrillage qui habille les États-Unis comme une couverture écossaise. Plus d'un quart du territoire de la ville disparaît sous les ronces : soixante mille terrains désaffectés, certains de trois cents hectares. Alors que tout espoir semblait avoir disparu, des hommes et des femmes décident de cultiver les friches.

Je me souviens de la voix chantante de Grace Lee en 2010 alors que je préparais l'exposition « La Ville fertile » à la Cité de l'architecture et du patrimoine à Paris : « En fait ce fut une bénédiction pour Detroit de perdre l'illusion d'un espoir sans fin. On peut soit s'apitoyer sur son sort, soit, comme l'ont enseigné nos ancêtres afro-américains, cultiver son jardin. »

Aujourd'hui, Detroit devient un modèle de renaissance pour l'entrepreneuriat social et agricole. Elle fascine pour ses décors post-apocalyptiques mais aussi pour l'énergie positive de ses habitants, organisés en réseaux de fermes urbaines et d'anges gardiens.

Mark Covington et Malik Yakini sont des fermiers opportunistes au grand cœur, des Robin des Bois afro-américains. Ils ont pris possession de terrains vacants sans demander de permission et les ont cultivés. D'abord pour s'occuper et déblayer les ordures qui les encombraient, ensuite pour nourrir leur famille, puis leurs voisins et leurs amis. Mark est un géant massif et souriant. Il a métamorphosé Georgia Street, un ancien quartier résidentiel dévasté aux airs de campagne de l'Amérique profonde. En trois ans il s'adjuge seize parcelles vides et fait pousser des oignons, des tomates, du maïs, des salades et des courgettes. Il a une chèvre, des poulets, des oies et un curieux verger dépareillé où bourdonnent les abeilles. Il produit des fruits et des légumes pour sa famille et offre le surplus à sa communauté. À Noël, Mark organise un grand réveillon pour sa rue et en juin, une grande fête pour tous avec les délices du jardin. Et comme ce qu'il prépare est bon, il donne des cours de cuisine et reçoit les enfants des écoles dans une parcelle qu'il leur a dédiée. À côté, il y a cette drôle de maison abandonnée aux volets tordus : Mark l'a transformée en centre social de quartier et en cinéclub de fortune.

Malik porte des dreadlocks, une barbe de pirate et ses lunettes de proviseur. Il a fondé le Detroit Black Community Food Security Network dont l'objectif est de rendre la *food justice*. C'est-à-dire redonner une nourriture saine aux pauvres cantonnés à la malbouffe. Avec ses complices et sans autorisation aucune, Malik squatte un hectare dans Rouge Park, un parc public en déshérence. Il a des serres, des potagers et des poules en liberté. Il produit des légumes et des fruits bios qui sont vendus sur place, sur les marchés et dans sa coopérative alimentaire.

Son modèle économique alternatif est aujourd'hui viable, sa communauté autosuffisante.

Dans un pays qui connaît encore de nombreux déserts alimentaires, Detroit a mis sur pied le premier vrai circuit d'approvisionnement local et bio à l'échelle d'une grande ville. L'agriculture urbaine a relancé l'Eastern

Market, un grand marché couvert où les restaurateurs branchés viennent s'approvisionner chaque matin. Le public est plus métissé le samedi, les plus démunis peuvent payer avec des tickets d'alimentation, les *food stamps* attribués par le gouvernement. En 2016, ces aides concernent un Américain sur sept, soit deux fois plus qu'avant la crise de 2008. Un réseau de *slow food* réunit des fermiers, des éleveurs, des artisans, des vignerons et des restaurateurs pour promouvoir les produits du terroir et programmer les livraisons des légumes bios. Le Foodlab Detroit organise des débouchés dans les entreprises locales : boulangeries, restaurants, traiteurs et cafés. Ces incubateurs agricoles stimulent la reprise d'autres secteurs : cinémas, ateliers d'artistes, start-up, entreprises de recyclage, épiceries bios, librairies et galeries d'art.

Detroit réussit pas à pas son pari : surmonter l'insécurité alimentaire, réduire la criminalité, pourvoir des emplois, des formations, et enfin, fortifier la cohésion sociale.

Quant aux épluchures de toutes ces agapes, elles enrichissent le sol.

La gloire des poubelles

San Francisco (Californie)

La *ville Compost* transforme ses déchets organiques en un terreau fertile prisé par les agriculteurs. Le compost alimente leurs cultures et préserve le sol. La poubelle urbaine devient terre vivante.

San Francisco peut être fière. Elle change en compost six cent quarante tonnes de déchets organiques par jour et en recycle le même poids dans le gigantesque centre de tri du Pier 96.

On vient du monde entier pour voir comment la ville, armée d'un vrai courage politique, répond depuis 2002 à son pari fou d'atteindre en dix-huit ans le Graal du recyclage : le fabuleux zéro déchet. San Francisco recycle et composte plus des quatre cinquièmes des déchets produits par son agglomération (huit cent cinquante mille habitants) : poubelles des ménages et rebuts issus du secteur du bâtiment. Ces chiffres appellent le respect quand on sait qu'en France, une étude d'UFC a démontré que soixante-quinze pour cent de nos déchets ne sont pas recyclés. Il existe bien sûr quelques îlots vertueux, quelques villes pionnières. Certaines villes, bien plus petites, avaient montré l'exemple (Capanora en Toscane, Lorient dans le Morbihan). Mais San Francisco hisse l'ambition à l'échelle d'une métropole, et la met en lumière avec un génie du marketing qui répand de manière virale l'envie de bien faire chez ses consœurs. Vive cette concurrence !

« Zero Waste » signifie à la fois zéro déchet et zéro gâchis. La démarche prend d'autant plus de sens quand on sait que plus d'un tiers de la nourriture produite dans le monde termine dans les décharges, sans nourrir personne.

Pour réduire le gaspillage, San Francisco à trois stratégies.

La première est incitative financièrement. On a généralisé l'usage de trois bacs au prix de location dégressif. Le vert sert au compost, le bleu part au recyclage et le noir prend le tout-venant. C'est le plus cher. Le ramassage des ordures est facturé au poids : plus vous recyclez, plus vous compostez, moins vous payez. Bien plus malin qu'une police verte, la ville mise sur l'exemple. C'est un hôtel qui ouvre le bal en 2000 : le gigantesque Hilton. Ses comptables, des convaincus, mettent en place avec la municipalité un projet pilote de compostage des restes de ses sept mille cinq cents repas quotidiens. Hilton baisse ainsi de deux cent cinquante mille dollars par an le coût du ramassage de ses ordures. Cinq ans plus tard, les quatre mille cinq cents restaurants de San Francisco suivent l'exemple et la ville l'impose aux ménages. Les institutions gouvernementales ne pouvaient qu'imiter : déjà plus de trois millions et demi de dollars d'économies.

Il fallait s'attaquer ensuite au secteur du bâtiment et des travaux publics. Il n'a fallu que dix-huit mois de négociations pour convaincre les plus gros utilisateurs des décharges publiques de recycler soixante-quinze pour cent de leurs matériaux. Dès 2006, c'est devenu la condition pour obtenir le label écologique indispensable afin d'être autorisé à travailler dans la ville.

En parallèle, San Francisco étudie la manière de valoriser les déchets inertes pour fabriquer de nouveaux sols hybrides, et encourage la multiplication des recycleries. Visitez ces immenses hangars américains où s'étalent à l'infini des bennes débordantes de robinets, de poignées et de planchers burinés, classés par taille et par couleur comme les boîtes de crayons dont rêvent les écoliers en début d'année. Croyez-moi, pour un architecte, leur taille et leurs promesses sont enivrantes.

Après l'incitation, San Francisco joue sur la fierté et la compétition. Frisco est la première ville à s'être opposée frontalement aux exigences de son nouveau président Donald Trump en matière de traitement des immigrés. Elle a lancé le mouvement des *Villes sanctuaires* sur l'ensemble du continent, affichant une farouche volonté d'autonomie.

Jeff Rattaro est éboueur sur Noriega Street : regard clair, casquette rouge des 49ers et camion blanc immaculé. Il aligne les poubelles au cordeau dès six heures du matin. Aux fenêtres, les riverains matinaux observent son ballet. « Ils nous suivent comme des supporters d'une équipe de foot. Le recyclage est un signe d'appartenance à la ville. » On constate le même sentiment chez Robert Reed, le porte-parole de Recology, la coopérative chargée de la collecte des ordures de la ville. Plus d'orgueil encore chez Jared Blumenfeld, l'ancien directeur de l'environnement de San Francisco, devenu le grand patron de l'Environmental Protection Agency pour tout l'Ouest américain.

Nous avons dû entendre cent fois cette légende urbaine à propos du corps de cette femme découvert dans le local à ordures d'un immeuble. L'assassin avait pris le soin de placer le cadavre dans la poubelle verte, réservée à l'organique. « Il avait dû assister à l'une de nos réunions d'information », me suggère le patron de Recology, pince-sans-rire.

Il est aussi là le génie de San Francisco : ses campagnes de communication. Tous les moyens sont bons pour toucher le maximum de monde. On parle de *communication virale*. Celle sur le compostage urbain est très contagieuse : plus de mille universités américaines et trois cents villes ont déjà copié son programme de valorisation et de fabrication de terreau fertile. La municipalité dépense plus de quatre millions de dollars par an en campagne d'affichage et en séances de sensibilisation. Récemment, elle a même lancé un programme d'artistes en résidence qui explorent le monde des déchets, et propose des stages dans des écoles d'agriculture.

San Francisco interdit aussi certains produits. Elle fronce le nez, dégoûtée à la seule évocation des sacs plastique (interdits depuis 2007), du polystyrène ou des petites bouteilles d'eau minérale qu'elle a définitivement bannies de son territoire en 2015. Si vous allez dans un magasin, vous pourrez bien sûr, comme chez nous, acheter un sac pour vos courses. Seulement ici, il sera en papier ou en amidon biodégradable.

Pourquoi continuons-nous à payer pour recevoir des sacs plastique ?

Vacaville est le grand composteur de San Francisco. Ici on composte à grande échelle le contenu des poubelles vertes. Les quatre mille cinq cents tonnes de matière hebdomadaire subissent onze étapes de transformation. Elles sont triées, broyées, découpées, arrosées, retournées et tamisées jusqu'à l'obtention d'un compost de compétition. Imaginez les longs tapis et les tractopelles délicates, la centrifugeuse qui sépare petits et gros morceaux, et la passoire qui oriente les plus grands vers l'œil et la main experts des héros de Recology. Les derniers sacs plastique égarés sont évacués. À côté, un gros broyeur bleu rugit, déchiquette les branches et crache un jet continu de copeaux de bois en blondes pyramides. Tout sera mélangé, arrosé et disposé amoureusement en longs merlons de cinquante mètres, alors aérés, humidifiés et tamisés. Les gaz émis sont filtrés par du bois qui absorbe le CO_2 pour éviter qu'il ne s'échappe dans l'atmosphère. Ces stockeurs naturels sont à leur tour compostés et intégrés au mélange. Au bout de quelques semaines le compost atteint soixante-dix degrés, la fermentation tue les mauvaises bactéries et permet le développement des bonnes. Ça sent la ferme.

Il y a plus de microbes dans cinquante centimètres carrés de ce terreau fertile que d'humains sur la planète entière. Ce sol-là est bien vivant.

Afin d'améliorer encore son efficacité pour nourrir les terres agricoles, il peut à la demande être mélangé à des minéraux. Les agriculteurs commandent une analyse de leurs sols, et selon le diagnostic des carences, Recology prépare la recette adaptée. Le compost, comme le caffè latte américain, peut être aromatisé : gypse, sable limoneux, balle de riz ou sciure de séquoia.

L'activité microbienne du compost libère les minéraux et les rend disponibles aux racines des plantes. Il ramène les nutriments dans les sols, permet d'économiser de l'eau, de limiter les besoins en irrigation et stocke le carbone de l'atmosphère. Un sol chargé d'humus retient jusqu'à deux fois son poids en eau. Les agriculteurs sont conquis.

À Petaluma, au nord de la ville, Bob Cannard règne sur les cinq cents hectares de la Green String Farm. Sa devise est devenue culte : « Envoyez-nous vos ordures, on vous renvoie de la bouffe. » Nicasio est à vingt kilomètres du Golden Gate Bridge. John Wick y travaille avec l'université de Californie à Berkeley sur les effets du compost sur ses herbages : une couche de un centimètre et demi sur quinze hectares, accompagnée de plantes pérennes et d'un pâturage raisonné, transforment l'herbe en dévoreuse de CO_2.

Dans la Napa Valley, Dave Vella est maître de chai au prestigieux domaine Montvella. Vous avez peut-être déjà goûté son vin. Les manches de sa chemise blanche retroussées, le sourire californien et les mains puissantes plongées dans ses terres, il raconte ses vignes avec la passion de ses ancêtres italiens. Il répand près de mille mètres cubes de compost par an sur cent hectares de vignes. « La terre est équilibrée, les plantes sont saines, elles tombent plus rarement malades et les rendements sont constants. Toutes les métropoles devraient composter. C'est absurde de jeter tous ces déchets alors que les fermiers en ont besoin. Je suis agriculteur et je veux du compost ! »

Des fleurs sur vos décharges

New York (États-Unis) – Caen (France) – Tel-Aviv (Israël) – Rio de Janeiro (Brésil) – Alger (Algérie) – Saïda (Liban) – Tokyo (Japon) – Buenos Aires (Argentine)

Le 11 septembre 2001, alors que l'impensable et la peur secouent le monde, nous regardons en boucle les images des attentats terroristes qui ouvrent une nouvelle page dans l'histoire des villes.

Les cendres et les débris des Twin Towers couvrent les rues de Manhattan. New York ne peut pas attendre : elle évacue dans l'urgence et le chaos les restes déchiquetés des tours. Une longue noria de camions quitte Wall Street pour Staten Island plus au sud, et la décharge de Fresh Kills. C'est ici que la Grosse Pomme jette ses épluchures depuis cinquante ans. Les trois mille tonnes d'ordures par jour ont créé des montagnes, des collines, des plateaux et des vallées tentaculaires le long de l'Hudson River. Au loin, la statue de la Liberté tend le bras.

Les riverains avaient fini par tuer la plus grande décharge à ciel ouvert de New York : elle venait de fermer cinq mois plus tôt. Les débris d'acier et de chairs des Twin Towers y sont acheminés pendant plusieurs semaines. Suivront des agents du FBI et des proches des victimes en quête d'indices, de mémoire et de réponses.

New York décide de faire de ce territoire macabre le symbole de la renaissance écologique de la ville.

Les travaux sont prévus pour durer trente ans avec des ouvertures progressives de ce qui sera le plus grand parc de New York : deux mille deux cents hectares de forêts, de prairies humides, de milieux écologiques exemplaires et de pépinières. Le mythique Central Park se verra voler la vedette. L'objectif est à la hauteur du traumatisme. La ville planifie cinq grands territoires thématiques dédiés à la nature, à l'art, à la culture, aux sports et à la mémoire. Elle dessine un maillage de chemins, de routes et un réseau hydraulique complexe de gestion des eaux de pluie. Il faut à tout prix éviter le ravinement et l'érosion des collines, n'oublions pas que sous le parc pourrissent cinquante-trois années d'ordures.

New York troque alors le ballet des camions poubelles contre des engins de terrassement. Excavatrices, pelleteuses à tourelle pivotante, tractopelles, aspiratrices, bouteurs à lame inclinable, scrapers et décapeuses, pilonneuses, rouleaux compacteurs et pelles hydrauliques se relaient. Tous aussi jaunes que les célèbres taxis. De loin, le glaçage paraît simple : une épaisseur fertile entre un et trois mètres et demi déroulée sur le squelette des déchets.

Le capuchon paysager comporte en réalité six couches sous le collet des arbres. C'est un mille-feuille dont chaque strate remplit une fonction bien définie.

La première couche vient directement se poser sur le contenu des poubelles. C'est une épaisseur de terre inerte, large d'au moins soixante centimètres, composée de granulats de tailles et d'origines diverses. Sa mission est de parfaire la forme de la topographie souhaitée et d'en assurer la stabilité. La deuxième couche guide les échappements de gaz issus de la décomposition des ordures. C'est un matelas hybride constitué de deux types de géotextile synthétique et d'un treillis tridimensionnel en plastique rigide. On dirait un nid-d'abeilles noir. Il piège les gaz, et les pousse latéralement vers les bouches des collecteurs en réseau. New York compte bien valoriser le méthane : elle prévoit douze millions de dollars d'économie par an et plus de vingt-deux mille foyers alimentés dans les nombreuses opérations immobilières prévues sur les franges du parc. La troisième couche est imperméable, un liner en plastique dur comme ceux que l'on utilise pour les piscines. À peine plus épais. Il résiste à l'eau et aux gaz. C'est une barrière de quelques millimètres tendue entre le monde des ordures et celui des jardins. La pluie n'ira pas plus bas et les contaminants de la décharge ne devraient pas remonter entre nos orteils. Sa surface est hérissée de millions de micro-aiguilles pour éviter aux dernières couches du glaçage de glisser sur sa carapace noire. La quatrième couche draine l'eau. C'est un immense toboggan qui dirige les eaux de ruissellement au-delà du territoire de la décharge. La cinquième couche est un filtre de sable, haut d'un mètre environ. Enfin, vient le sol vivant, celui qui doit nourrir la végétation du parc. Deux mètres d'épaisseur plantés d'espèces locales dont les racines aideront à stabiliser les sols et à absorber un maximum d'eau. Voici enfin l'exemple d'une formidable stratégie végétale. New York choisit de collaborer avec le génie naturel : on compte ici sur les plantes pour créer l'humus et enrichir le sol année après année. La strate herbacée deviendra une forêt. New York s'offre ici le plus incroyable des luxes : le temps.

Pourtant un doute subsiste : sous le liner noir, la terre reste contaminée.

Carnie Grass est la directrice d'étude de l'occupation des sols du parc : « Nous n'avons pas résolu la question des déchets et ne prétendons pas le faire. » Sous nos pieds, il y a depuis le 11 septembre 2001 deux Boeings 767, cinquante mille ordinateurs, trois cents serveurs informatiques, des milliers de détecteurs de fumée et leurs composants radioactifs, deux cent mille tonnes d'acier, un million de tonnes de béton et une sous-station électrique qui contenait quatre cent quatre-vingt-treize tonnes d'huiles contaminées au PCB. Il y a aussi cinquante-trois ans d'ordures, de l'amiante, du mercure, du benzène et d'autres métaux lourds accumulés qui risquent de s'écouler, sinon dans le parc, probablement dans la rivière qui le longe. Pensez aux fureurs de l'Atlantique qui frappent New York, à la montée du niveau des océans, qu'elle prend pourtant très au sérieux sur les bords de Manhattan. L'ouragan Sandy avait fait déborder Newtown Creek et ses eaux ultracontaminées s'étaient déversées dans les rues de Brooklyn. L'ouragan avait englouti Ground Zero, sa prochaine attaque pourrait toucher les Fresh Kills.

« Il est trop tard pour décontaminer le site », a-t-on répondu aux associations américaines qui brandissaient la loi Superfund, mise en place pour s'occuper des sites pollués. New York exige d'oublier, et de se tourner vers le futur.

Des opérations similaires se multiplient dans le monde.

À Caen, la décharge du hameau de la Folie devient la Colline aux Oiseaux. À Tel-Aviv, un dépotoir de huit kilomètres carrés fait place au plus grand parc public de la ville, au creux des plaines inondables de l'Ayalon : c'est le parc Ariel-Sharon.

À Rio de Janeiro, la favela Vidigal a vue sur l'océan. Cet ancien dépotoir à ciel ouvert reçoit en 2015 le SEED Awards pour sa métamorphose en jardin botanique écologique. Mauro Quintanilha et Paulo César, un musicien et un éboueur qui ont grandi dans la favela, se font aider par un jeune architecte brésilien et plusieurs bénévoles. Le Jardin botanique de Rio leur fournit gratuitement des semences. En dix ans de permaculture intelligente, ce terrain de mille cent mètres carrés est présenté au sommet Rio+20 et reconnu par la préfecture comme la première agro-forêt de la région.

L'Algérie a lancé il y a moins de quatre ans la transformation de deux décharges à Alger en parcs publics. Oued Smar sera une colline en forme de dôme, dédiée à la détente et l'éducation environnementale. Le ministère de l'Aménagement du territoire et de l'Environnement, et le wali d'Alger promettent vingt-quatre hectares de jardin botanique, des équipements culturels, des aires de jeux pour les enfants et une ceinture boisée. La décharge d'Ouled Fayet et ses quarante-cinq hectares viendra quant à elle s'additionner au parc des Grands Vents avec des paysages vallonnés. Laissons-les s'installer.

Au Liban, celle qu'on nommait « la montagne de la honte » a disparu sous un nouveau parc au printemps 2016. Il faudra attendre encore huit ans avant d'en fouler la pelouse synthétique récemment posée par la municipalité de Saïda, pressée de montrer les résultats des travaux menés par le groupe Suez et le libanais JCC. Ce gigantesque tas d'ordures montait jusqu'à près de soixante mètres : un million et demi de mètres cubes de déchets pollués. Un dépotoir classé en tête de liste des risques environnementaux pour le Liban. Les lixiviats, la fraction liquide issue de la décomposition, s'écoulaient directement dans la mer, tuant toute vie marine. Saïda impose de nettoyer le site. Les gaz et les résidus ont été acheminés vers une usine de traitement jouxtant le site. La moitié des ordures est enfouie dans des blocs sanitaires hermétiques et permet à la ville de gagner cinq cent cinquante mille mètres carrés sur la mer. Plus de la moitié de ce polder hybride devient un parc public.

Tokyo va avoir une « forêt flottante », signée du grand architecte Tadao Andō. Tout est prévu pour les jeux Olympiques d'été de 2020. Ce parc de quatre-vingt-huit hectares, baptisé Umi no moru, littéralement « Forêt de la mer », accueillera les épreuves olympiques d'équitation et de VTT. C'était une décharge, constituée sur un feuilleté de cendres et de gravats accumulés durant la Deuxième Guerre mondiale. Les arbres du parc sont cofinancés par les dons des citoyens et doivent permettre de refroidir les vents du large et d'abaisser la température de la mégalopole.

À Buenos Aires, c'est la nature qui a décidé d'installer un milieu fertile sur une décharge oubliée. Le long du Río de la Plata, les déblais fabriquent une presqu'île de trois cent cinquante hectares intouchée par l'homme pendant trente ans. Costanera Sur devient une réserve naturelle. Et en face, sur la bande littorale, le prix de l'immobilier s'envole. Les animaux et les plantes s'y installent.

La ville des chiffoniers

Nouakchott (Mauritanie)

La ville, motivée par le nouvel enjeu économique de valorisation des déchets, reconnaît la valeur de ses alliés informels : *cartoneros* argentins, *catadores* brésiliens, *recicladores* uruguayéens, *waste pickers* indiens et autres *zabbālīns* égyptiens qui vivent dans les marges.

Depuis longtemps, les chiffonniers fouillent les dépotoirs et les poubelles à la recherche de matières qu'ils peuvent revendre et recycler. Ces pratiques contribuent au traitement d'une partie des déchets urbains. Elles fournissent aux citadins un service appréciable, en même temps qu'elles assurent des emplois et des revenus à des populations souvent rejetées par la société. Certains deviennent de véritables entrepreneurs. Selon la Banque mondiale, environ deux millions de chiffoniers se consacrent à cette activité. Les pays en voie de développement ne sont pas les seuls à biffer, comme on dit en argot parisien. En France, la multiplication des structures de récupération et de recyclage témoigne d'un engouement pour le vintage, pour l'Up-Cycle, mais aussi d'une demande croissante de populations paupérisées. La pionnière dans ce domaine, Emmaüs, revend des objets et des matières en bout de course et réinsère des personnes exclues des circuits du travail.

Exemple s'il en est d'économie sociale et solidaire.

Mais la guerre mondialisée des récupérateurs est devenue féroce : il faut ménager les services municipaux de collecte et de tri, les structures de réemploi, les entreprises solidaires et les sociétés privées transnationales, de mieux en mieux équipées.

Nouakchott est la capitale de la République islamique de Mauritanie. Bienvenue à la frontière entre deux aires culturelles : le monde arabe des Maures, principale ethnie du pays, et l'Afrique noire des populations Soninkés, Toucouleurs et Wolofs qui remontent du sud. La ville est prise en étau entre la lente montée du niveau de l'océan Atlantique et l'avancée rapide des sables orangés du désert. Les ténébrions, de petits insectes aux allures de samouraï, se dressent chaque matin sur la crête des dunes pour boire la rosée portée par les courants océaniques.

« C'est une ville moderne », répète-t-on à l'envi.

À l'origine, elle n'était qu'une étape pour les nomades. En 1903, quinze soldats français établissent un *ksar*. Le petit fort surveille la route commerciale entre le Maroc et le Sénégal. Dans les années 1950, la Mauritanie s'affranchit, et pour célébrer « l'indispensable expression de l'affirmation et de l'unité de la nation mauricienne », le président Mokhtar Ould Daddah entoure le ksar d'une ville moderne exemplaire. L'architecte français André Leconte en dresse les plans. Les infrastructures prévoient cinquante mille habitants. Ils sont plus d'un million et demi aujourd'hui et ce chiffre augmente sans cesse avec la crise climatique : exode rural et sédentarisation des nomades. On fuit la famine.

Personne n'avait prévu de gérer cette croissance. En l'absence de vision politique urbaine, Nouakchott ne ressemble à rien de commun. Imaginez une mer d'habitats précaires, toiles, tôles et poussière, qui ondule sous la chaleur. Les stigmates des grandes villes sont là aussi : un café improbable entre deux tas de briques séchant au soleil, à un rond-point un engorgement de véhicules à cause de feux hors service, d'où des klaxons assourdissants, des enfants qui courent entre les tables, les chameliers et les vendeurs ambulants. La ville informelle s'est déployée en étoile. Nouakchott a suivi les routes qui sortent de son noyau moderne, l'île du ksar, de la mosquée et de la cité administrative.

Dans ce contexte d'urbanisation rapide et sans planification, comment organiser la gestion des déchets ménagers ? Le ramassage des poubelles, généralement perçu comme le plus municipal des services, entraîne de trop lourdes charges pour des communes ne disposant que de faibles ressources financières et humaines. Nouakchott n'est pas un cas isolé : allez vous promener à Garoua au Cameroun, à Montevideo en Uruguay, au Caire, à Sfax en Tunisie ou même à Buenos Aires. À Lima, la municipalité péruvienne s'est récemment alliée à un escadron de vautours, armés de GoPro connectées, pour cartographier les décharges sauvages. Les glaneurs n'ont pas attendu la crise écologique pour s'organiser. Certains déchets sont valorisés depuis des années comme l'aluminium, les pneus et la ferraille. Ils impliquent des collecteurs (enfants, charretiers et indépendants), des grossistes, des artisans et des industriels. Cette chaîne d'acteurs surgie spontanément répond localement à une partie du défi des déchets ménagers. Ces pratiques combinent à la fois des dimensions sociales (participation des populations, création d'emplois), des dimensions économiques (rentabilité, revenus, diminution du coût des matières premières) et des dimensions environnementales (économie de matière, seconde vie des produits). Pour réduire leurs propres investissements, les villes articulent désormais les filières informelles et tissent des complémentarités nouvelles entre les communautés.

À Nouakchott, les initiatives les plus prometteuses sont nées dans les quartiers excentrés de Dar Naim et Toujounine. Aujourd'hui elles fleurissent dans les neuf territoires de la communauté urbaine. Le principe est toujours le même : à l'occasion de l'installation d'un nouveau quartier, le maire facilite l'implantation d'un centre de tri communautaire. C'est le premier bâtiment relié à l'eau et à l'électricité. Le développement urbain commence ici, par le quartier général des biffeurs. À Haye Saken, il draine déjà plus de 1 000 glaneuses et transforme 15 tonnes de plastique par an. Bien sûr, la concurrence avec le marché industriel du plastique est féroce. L'exigence des industriels pour la qualité des matières secondaires est intransigeante.

Mesdames et messieurs les puissants, ne perdez pas de vue le rôle solidaire des filières alternatives. Sans cohésion sociale, vos villes « durables » n'ont aucune chance.

Vive la Colombie

Medellín (Colombie)

Les villes combattent l'insécurité humaine, les violences et la discrimination. Certaines prennent conscience des réalités de leurs tissus gangrenés et de la survie difficile dans les bidonvilles. La priorité est alors d'améliorer les conditions de vie de leurs habitants. Ces villes sont inclusives et clairvoyantes : elles savent que l'inégalité sociale est une bombe à retardement.

La moitié de la population mondiale vit en ville.

Le tiers des urbains (un milliard d'âmes) survit dans des conditions de précarité douloureuse : ceinture de pauvreté, de favelas et villes informelles. Les Nations unies lancent en 2003 un audit mondial sur la pauvreté urbaine : « Le défi des bidonvilles ». Le rapport est édifiant, lisez-le. Les auteurs de science-fiction sont très loin des horreurs du terrain. Ces millions de défavorisés colonisent les marais, les plaines inondables, les versants de volcans, les flancs de collines instables, les terrils d'ordures, les décharges chimiques, les bords de voies ferrées et les marges du désert. Ils sont nés avec une mauvaise géologie, et n'ont d'autre choix que de vivre en côtoyant la catastrophe. Depuis 2003, les réfugiés climatiques ont encore gonflé les chiffres.

Constatons : vivent aujourd'hui dans des bidonvilles trente-huit pour cent des urbains chinois (cent quatre-vingt-quatorze millions), cinquante-cinq pour cent et demi des Indiens (cent soixante millions), 84,7 % des Bengalis (trente millions), quatre-vingts pour cent des Nigériens (quarante et un millions) et 99,4 % des Éthiopiens (dix millions). Il existe deux cent mille bidonvilles sur la planète, de quelques centaines à plus d'un million d'habitants. La plupart sont situés en périphérie des villes. Bâtis sur des terres dangereuses et souvent contaminées, ils sont soumis aux risques naturels des inondations, coulées de boue et glissements de terrain. Sur ce socle incertain, souvent hors réseaux (eau, égout et énergie), la criminalité, la violence et les discriminations sont contagieuses. Priez pour ne pas être une femme dans les barrios de Caracas ou sur les pilotis de Makoko à Lagos.

Partons pour Medellín, au nord de Bogotá.

Narcos, la série américaine ultravisionnée, commence sur un plan large qui surplombe la vallée encaissée d'Aburrá. L'horizon est fermé par la cordillère Centrale de Colombie. Quelques tours s'élèvent au milieu d'un océan de bidonvilles sans fin. La trame urbaine est informelle, aléatoire et chaotique. Les toits de fortune, imbriqués comme les écailles d'un serpent, suivent la topographie des collines. Coups de feu ! Explosion ! Pleurs. La voix off présente Pablo Escobar, le célèbre narcotrafiquant.

Au début des années 1990, Medellín est la plaque tournante du trafic de cocaïne. C'est alors la ville la plus violente du monde, avec un taux d'homicide de trois cent quatre-vingt-un pour cent mille habitants. Des voitures piégées explosent n'importe où, n'importe quand. La peur assaille toutes les couches de la population. L'ennemi est partout : cartel, narcoterroristes, *sicarios*, flics corrompus, FARC révolutionnaires armés, ou glissements de terrain et épidémies. La nature est moins médiatique à l'époque qu'Escobar, mais tout aussi redoutable.

En vingt ans à peine, Medellín s'est hissée à la table des métropoles innovantes. Elle occupe la quarante-sixième place du classement des trois cents métropoles les plus performantes économiquement, et reçoit un triple A de l'observatoire Moody's pour sa gestion exemplaire. En 2012, le *Wall Street Journal* lui décerne le titre de ville mondiale de l'innovation, devant New York et Tel-Aviv. On juge sa politique urbaine très originale. Elle est surtout atypique et courageuse. Inattendue. Medellín choisit d'investir en priorité dans ses franges informelles, d'améliorer les conditions de vie de leurs habitants et de les inclure dans la dynamique urbaine globale de la ville.

En moins de treize ans, Medellín divise par quinze son taux d'homicide et triple le PIB par habitant. Des alliances privé-public se nouent, et évitent (jusqu'ici) les pièges de la gentrification.

Comment est-ce possible ?

Medellín se donne les moyens de ses ambitions : opérations militaires préalables, gouvernance volontaire, financements et outils opérationnels innovants.

Elle écarte d'abord ses ennemis les plus encombrants. Pablo Escobar est abattu en 1993 par le bras armé de la police colombienne. Neuf ans plus tard, les FARC sont délogés de Communa 13, l'un des quartiers les plus dangereux de la ville, par les hélicoptères d'assaut et les chars de l'opération militaire Orion.

Ensuite, Medellín met en place une gouvernance efficace, liée à un homme plus qu'à un parti. Sergio Fajardo est élu maire en 2003. Cet ancien professeur de mathématiques entouré d'intellectuels croit dans le service public et l'éducation comme instruments de pacification. En 2001, quarante pour cent du budget municipal est dédié à la culture et aux programmes scolaires. En sept ans, Medellín rénove cent trente-cinq écoles et construit huit bibliothèques en milieu défavorisé. Dans un climat où règne la corruption à tous les échelons du pouvoir, il faut raisonner autrement. Désormais le maire, qui a gagné la confiance du peuple, décide seul de l'attribution des marchés publics. La triade institutionnelle qui valide la planification territoriale partage le même socle de valeurs et poursuit le même objectif. Le maire désigne le directeur de l'AMVA, l'intercommunalité métropolitaine, qui lui-même est un proche du gouverneur du département d'Antioquia. À trois, ils décident de l'avenir de Medellín, approuvent les plans directeurs, acquièrent le foncier nécessaire et choisissent les équipes opérationnelles. Les maires vont se succéder sans que change la politique. Medellín dispense ainsi depuis 2003 la continuité nécessaire pour mener à bien son projet de politique urbaine.

L'encaissement de Medellín en fond de vallée, éloignée des ports maritimes, aurait pu nuire à son développement économique. L'histoire montre que la ville dépasse ces contraintes géographiques dès le XIXe siècle : les plantations de café et les mines d'or, associées à un réseau ferré national, lui permettent d'afficher les plus hauts taux de production et d'exportation de Colombie. Au XXe siècle, l'industrialisation prend le relais avec le secteur textile et chimique. Aujourd'hui, dans un contexte d'échanges de plus en plus mondialisés, Medellín a diversifié son économie vers les services.

L'EPM est une puissante entreprise de service public. C'est le premier prestataire de services environnementaux et le deuxième employeur de Colombie. L'EPM est détenue à cent pour cent par la municipalité. Son conseil d'administration est présidé par le maire. En tant qu'actionnaire d'EPM, la municipalité reçoit un intéressement sur les résultats de l'entreprise sous la forme de dividendes fléchés obligatoirement vers le financement de programmes publics de développement économique et social. En 2013, l'EPM affichait un résultat net de huit cent soixante-neuf millions de dollars pour un chiffre d'affaires de sept milliards de dollars. Belle leçon de gestion à méditer. L'EPM a la main sur l'eau, l'assainissement et l'énergie.

Emvarias, filiale d'EPM, gère les déchets.

L'EDU aussi appartient aussi à la ville. Cette méga-agence d'urbanisme et d'architecture conçoit la plupart des projets de reconquête urbaine, en collaboration avec des architectes concepteurs désignés par concours et un travail participatif avec les habitants. Medellín multiplie également les alliances avec le secteur privé : la crème des entreprises innovantes en matière de high-tech (Hewlett Packard) et de clean-tech (Groncol). Elle sait se montrer convaincante : incitations fiscales et catalogue des bonnes pratiques urbaines séduisent les investisseurs. Mondialisée, Medellín reçoit l'aide d'organismes et de gouvernements internationaux, intéressés par sa politique sociale innovante et visionnaire. L'Espagne a financé sa première bibliothèque-phare à Santo Domingo et l'Agence française de développement lui octroie un prêt de plusieurs millions pour dérouler un tramway vert.

Pour passer à l'acte, Medellín invente, via l'EPM, le Projet urbain intégral. C'est un outil opérationnel sans précédent. Il est spécialement conçu pour les zones les plus défavorisées et les plus marginalisées de la ville : haut degré de violence, urbanisation informelle et illégale, pénurie d'équipements et de services sociaux, taux de chômage élevé et dégradation environnementale. Le premier programme démarre en 2004 et concerne soixante-dix bidonvilles. Il a déjà permis d'améliorer la vie de 150 000 habitants, de créer 3 500 emplois, et d'exploser la croissance économique du quartier de 300 %. C'est un laboratoire d'expériences et une vitrine pour la ville. Trois autres programmes similaires sont opérationnels et deux viennent de démarrer : plusieurs millions d'habitants. Leur réalisation est confiée à l'EDU. Monsieur le maire a le contrôle à tous les échelons. Plongeons dans la ville.

Le Metrocable révolutionne Santo Domingo

Le tissu informel au nord-est de Medellín est dense. De petites venelles sinuent entre les baraques de brique rouge et les murs tagués accrochés aux flancs de la colline. Des arbres poussent à travers les toits, des antennes partent à l'assaut du ciel. Et au-dessus glissent en silence les capsules du téléphérique français qui ont quitté les Alpes où de toute façon la neige fond plus vite chaque année. Depuis, la société Poma équipe Caracas, Rio de Janeiro, Grenoble et Brest. Le Metrocable est adapté à une topographie accidentée, ses points d'impact au sol sont limités.

Dans l'ultradense Communa 13, c'est un escalator mécanique de centre commercial qui parcourt mille deux cent soixante mètres en six sections, engravé dans le tissu urbain chaotique. Vous n'y serez pas seul : il est emprunté par mille cinq cents personnes par jour.

Ici, on *irrigue* et on *désenclave*.

Le Parque Biblioteca España stimule la lecture

C'est une curiosité architecturale, un phare qui émerge d'une nappe continue de toits de fortune et de falaises de parpaings. Les trois bâtiments sont massifs, sculptés comme un rocher sombre. C'est une citadelle. Les trois blocs, échancrés, se poursuivent par un jeu de terrasses à facettes. Ils s'ancrent dans une zone à haut risque dont le sol, érodé, est instable. Ils s'ouvrent sur un belvédère aéré et cadrent l'horizon de la cordillère Centrale, au-delà de Santo Domingo. L'ancienne décharge sauvage voisine fait place à un parc botanique public et gratuit où l'on apprend à nommer les espèces. Les communautés partagent une bibliothèque, des programmes d'alphabétisation, des clubs de lecture, des conseils de quartier et des ateliers de sensibilisation aux technologies de l'information.

Ici, on apprend, on *éduque* et on se garantit un futur.

L'Unité de vie articulée rapproche

L'UVA Orfelinato surprend : deux grandes soucoupes évidées, des passerelles suspendues sur lesquelles filent des vélos et de l'eau qui jaillit pour les enfants du quartier. C'était un réservoir en déshérence, entouré de clôtures infranchissables. C'était un bouchon entre les *barrios* alentour, une frontière épaisse où la criminalité avait trouvé refuge. Les UVA, pour Unités de vie articulée, se multiplient à Medellín. Elles s'installent dans des terrains accidentés, à l'articulation entre des communautés marginalisées. Elles transforment un espace fermé en nouvelle polarité : plates-formes mutualisées, terrains de sport, espaces publics et récréatifs, salles de cours et de quartier et promenade publique jusqu'au centre-ville, accessible par tous.

Ici, on joue ensemble et on *articule* les communautés.

La Ceinture verte séduit

Medellín et l'AMVA portent en 2010 un schéma directeur intitulé Medellín BIO 2030. Le projet bénéficie d'une coopération française : financière (AFD) et technique (APUR). L'échelle territoriale envisage les équilibres nécessaires dans l'occupation des sols à venir entre urbanisme et espaces naturels ou agricoles : on conseille à Medellín le projet d'une « Ceinture verte métropolitaine ». Certaines zones présentent des risques naturels trop grands pour être bâtis, d'autres pourraient devenir des secteurs d'opportunité puissants. On a ici la meilleure vue sur Medellín. Les premiers sentiers sont tracés en balcon, un commissariat périphérique fait discrètement son apparition, une petite aire de jeux fleurit tristement dans un repli. Les Comités de défense du territoire, constitués d'habitants d'El Faro, se mobilisent farouchement.

Ici, on *ancre* physiquement les sols mais on *éloigne* les déshérités qui les habitaient. La Nature peut séduire de plus riches acquéreurs.

Vous imaginez le pouvoir d'un seul homme, à Medellín ? Le maire bâtisseur est soumis à la tentation des métropoles… pourvu qu'il ne baisse pas la garde, et ne confonde pas miracle et mirage.

Aux urnes citoyens !

Madrid (Espagne)

La ville pratique la démocratie participative. Elle implique le citoyen au niveau des décisions, de l'action et de la gestion. À travers la multiplication des initiatives collaboratives, elle entretient la mobilisation et stimule le lien social.

On parle de ville frugale, agile et futée. Les expériences émergentes, innovantes et collaboratives sont devenues un phénomène viral planétaire rendu possible par les réseaux sociaux. Les collectifs de jeunes créatifs sont tendance.

Si vous avez aimé le film *Demain* de Cyril Dion, parcourez le catalogue de l'exposition « Actions : comment s'approprier la ville ? » du CCA de Montréal et dévorez les reportages de Bénédicte Manier sur les « révolutions tranquilles » en cours dans le monde.

Au fil de nos rencontres, nous avons eu envie d'explorer les Laboratoires citoyens d'une ville européenne dont on parle assez peu : Madrid.

C'est là que la crise économique a frappé le plus durement l'immobilier espagnol. Là aussi, un 15 mai, que naît le mouvement des Indignés qui va tout changer. Là encore qu'une grand-mère militante va devenir maire, et prôner la démocratie participative.

Remontons le temps. Quelques années plus tôt, Madrid construit de grands quartiers d'affaires, multiplie des bureaux haut standing, des centres commerciaux géants et des bases de loisirs ultraconnectées par de nouvelles infrastructures comme la M-30. La croissance démographique explose et l'économie prospère : les grands groupes espagnols installent leurs sièges flambant neufs : Telefónica, Repsol, Iberia. Début 2008, les conséquences de la crise américaine des *subprimes* atteignent l'Espagne et renversent le secteur immobilier. Le taux de chômage issu du bâtiment double en quelques mois, et les taux d'emprunt moyens grimpent. À Madrid, les inégalités sociales s'exacerbent. Les « communs » sont privatisés. Ce sont eux pourtant qui fondent le creuset démocratique d'une ville : santé, éducation, espaces publics, environnement et accès à l'eau. Dans ce contexte naît le 15-M, le *mouvement des Indignés*. Ce jour-là, des centaines de milliers d'Espagnols commencent leur occupation de la Puerta del Sol et des grandes places du pays. Ils vont inspirer les mouvements des places du monde entier, de Occupy aux États-Unis à Nuit debout en France. Ils dénoncent les inégalités sociales et la déconnexion entre les politiques, l'administration et la société civile. Ces assemblées vont progressivement inspirer des prises de décision collégiales, un mode d'organisation fondé sur l'autogestion et une réflexion approfondie sur la notion des « communs ».

Les premiers Laboratoires citoyens émergent dans les espaces vacants et non planifiés de Madrid. Ce sont des lieux d'expérimentation, de réflexion et d'action, issus de l'élan spontané de citoyens ordinaires, d'intellectuels et de collectifs artistiques. Ils viennent de l'économie collaborative, du numérique, de l'écologie urbaine et de l'urbanisme social. En 2014, un nouveau parti politique monte sur scène : Podemos (Nous pouvons !). Il entre au Parlement européen en 2015, et accède aux exécutifs des trois principales villes du pays : Madrid, Barcelone et Valence. Manuela Carmena, Indignée (ancienne juge des tribunaux), entame sa carrière politique à soixante et onze ans : elle devient maire de la capitale madrilène et s'appuie sur la démocratie participative pour transformer sa ville. Pour elle, c'est une évidence, non un outil tendance de communication ou une possibilité d'économies faciles en soulageant les services municipaux.

L'urbanisme en open source

Le concept renvoie au logiciel en libre-service, dont le code source, non protégé, permet mille déclinaisons, et la collaboration de plusieurs programmeurs. Les collectifs d'avant-garde et les premiers théoriciens de cette nouvelle vision de l'urbanisme sont nés à Madrid de la nécessité engendrée par la crise.

Retenez ces trois principes fondateurs : des interventions à petite échelle, des projets à court terme et des réalisations *low-cost*. L'architecte devient médiateur social et culturel, la communauté locale co-conçoit et co-fabrique.

En Amérique, on parle d'*urbanisme tactique*. Il a bouleversé la conception de la rue. Regardez les chaises en libre-service au pied des écrans géants de Times Square ou les rues co-jardinées de San Francisco.

En Amérique du Sud, on préfère le terme d'*acupuncture urbaine*. La ville de Curitiba au Brésil est considérée par son maire comme un grand corps malade dont on soigne les espaces de sociabilité avec délicatesse.

L'art collaboratif

Dès le début de la crise économique, Madrid invente une nouvelle génération d'institutions culturelles. Elles ne s'intéressent plus à l'exposition d'œuvres majeures, mais à la production d'un art ouvert aux sciences, aux technologies numériques et aux habitants des quartiers dans lesquels elles s'implantent. L'ancien abattoir de la capitale, El Matadero, est transformé en incubateur pluridisciplinaire. Ses longs entrepôts de brique rouge sang, surmontés de charpentes métalliques, s'articulent autour d'un axe fédérateur de béton clair. C'est un paysage de lignes parallèles, de rails et de directions implacables. Entre le feuilleté des parois naît la magie. Les murs sont couverts d'un tissage savant de tuyaux d'arrosage récupérés, les FabLabs se détachent des murs porteurs en boîtes légères et opalescentes de polypropylène et de bois recyclé. La salle de théâtre peut s'effeuiller, écaille après écaille, pour moduler sa lumière avec frugalité. Toutes ces sous-architectures sont dédiées à l'expérimentation et à la production artistique, sociale et urbaine.

La révolution numérique

Au cœur du quartier des Lettres, Medialab-Prado s'est spécialisé dans l'expérimentation et la recherche sur les outils numériques. Vous croiserez des geeks et des inventeurs fous, des programmeurs activistes, des hackeurs, des artistes, des urbanistes et des sociologues. La question urbaine est l'une des thématiques d'exploration privilégiée du Medialab.

Ici on ne renie pas l'apprentissage collaboratif en ligne et on ne s'érige pas contre les innovations numériques. Au contraire. On les détourne à des fins d'expression citoyenne et d'innovation urbaine, socio-économique ou environnementale. Les plates-formes numériques jouent un rôle clé dans l'autogestion, la mise en réseau et la visibilité des Laboratoires citoyens. Visitez les plate-formes du budget participatif de la municipalité. Les projets soumis au vote sont très ambitieux. La Gran Vía par exemple, une six voies polluante au cœur de l'hypercentre, deviendra bientôt, sous l'impulsion des citoyens, une grande allée urbaine arborée. La révolution numérique propose ici aussi des outils à disposition, des techniques de fabrication digitale innovante, du *crowdfunding* pour financer, des recueils de bonnes pratiques et des retours d'expériences pour aller plus loin encore, en métissant, ensemble et autrement.

La co-gestion temporaire

Le Campo de Cebada est niché au cœur de Madrid, près de la Plaza Major. En 2009, la ville cède le terrain d'une ancienne piscine municipale à un groupe international pour accueillir un *mall* commercial. La crise économique laisse la place à un gigantesque terrain vague. En 2010, lors de la première Nuit blanche madrilène, le collectif EXYZT réactive le site avec une piscine éphémère. Les artistes et les collectifs d'habitants investissent immédiatement l'espace. Un an plus tard, la mairie de Madrid cède temporairement la gestion du lieu à des associations de quartier. Depuis, le Campo de Cebada est devenu un pôle de sociabilité incontournable qui s'épanouit dans le domaine social (échange de services et réinvention de la conciergerie), artistique (street art, ateliers de poésie et de théâtre), sportif (terrains de basket et de jeux) et culturel (festivals de musique et de cinéma en plein air).

Même énergie dans l'ancienne fabrique de tabac de Lavapiés (Tabacalera), à Olavide Sobrevive, au Patio Maravillas ou à l'Espacio Vecinal Arganzuela : tous gérés et entretenus par des associations créatives et locales de citoyens avec la bénédiction des autorités. Toutes les décisions sont portées au vote. Les vives discussions, les claquements de talons et les moulinets de bras exaspérés typiquement ibériques sont légion.

Quand on s'engage sur la piste de la démocratie participative, il faut aimer l'art du débat et le flamenco.

La leçon des Solar Mamas

Bangalore, Tilonia (Inde) – Ortaffa, Sainte-Marie (France) – Brooklyn (USA)

Certaines villes parient aujourd'hui sur la multiplication des sources d'énergies durables, locales et citoyennes. L'idée naît chez les oubliés du réseau (villes inaccessibles, quartiers informels, villages ruraux) puis s'organise jusqu'à remettre en question aujourd'hui la production nationale centralisée de la première puissance mondiale.

Première étape : *Bangalore*, la capitale tropicale du Karnataka au sud de l'Inde. L'ancienne cité-jardin au parfum de fleurs entêtant est devenue un pôle majeur des hautes technologies.

La Silicon Valley bollywoodienne est fille des politiques de délocalisation occidentales et de libéralisation de l'économie. Elle accueille les trois géants de l'informatique du pays, mais aussi Texas Instruments, Microsoft, Google, Yahoo, Amazon, Dell, IBM et sept cents autres centres de recherche et de développement. Les start-up accourent : pas de TVA et une main-d'œuvre anglophone à bas prix, hautement qualifiée. En dix ans, la population de Bangalore passe de trois à dix millions d'habitants. Une grande majorité a travaillé sur les chantiers de construction d'Electric City et survit depuis dans les bidonvilles aux franges de la ville. L'explosion démographique a submergé les infrastructures publiques et en raison du nombre insuffisant de déchetteries, de l'inégalité des collectes et de l'absence de planification urbaine, les ordures se sont multipliées.

La cité-jardin est devenue la capitale des poubelles.

C'est un changement d'image et d'imaginaire que la ville refuse. Ça se comprend. Alors, pour contrôler le ramassage des ordures, la ville puce les containers et place sous surveillance vidéo les principales artères. En attendant que les mesures agissent, les citadins des tours vivent fenêtres fermées et climatisation au maximum.

Les coupures de courant sont fréquentes, comme à Mumbai et Calcutta. L'Inde, engagée dans sa transition énergétique, possède déjà la plus grande centrale solaire d'Asie et projette d'atteindre une capacité de cent gigawatts d'ici 2022, l'équivalent de cent vingt réacteurs nucléaires français. Mais sa politique de distribution creuse des inégalités sociales déjà impressionnantes. Le tiers de la population indienne vit sous le seuil de pauvreté. Le tiers des Indiens n'a pas encore accès au réseau d'électricité national. Les exclus représentent 328 millions d'habitants : la population des États-Unis. La moitié d'entre eux (six fois la population française) n'a pas vingt-cinq ans. Ces négligés du réseau vivent soit dans les replis des mégapoles (sur des terres fragiles, inondables et contaminées), soit dans des villes de petite taille ou des villages de montagne non connectés.

Dans la poussière sèche du Rajasthan, à Tilonia (sept mille cinq cents habitants, la taille de Saint-Rémy-lès-Chevreuse), voici les *Solar Mamas*.

Elles sont belles, elles sont fières dans leurs saris jaunes et roses. Elles portent la lumière au cœur des foyers et essaiment les connaissances qu'elles ont acquises ici au Barefoot College, créé par Sanjit Bunker Roy sur les principes de Gandhi. Ce centre d'éducation populaire apprend à devenir autonome dans tous les domaines : santé, habitat, énergies. Tout fonctionne au solaire : éclairage, ordinateur, pompe à eau, ventilateur, cabinet dentaire et même un petit hôpital. Les Solar Mamas apprennent à monter une centrale solaire en six mois. Elles communiquent par le geste et des schémas simples où chaque pièce est identifiée par une couleur différente. Les étudiantes sortent diplômées et reconnues. Ensuite, elles forment d'autres femmes, dans une logique de pollinisation. Elles ont déjà apporté l'électricité à cinq cent mille personnes dans soixante-douze pays. L'université a ouvert six centres en Afrique – au Burkina Faso, au Liberia, au Sénégal, au Sud-Soudan et en Tanzanie. Les bénéfices sont directs :

— une réduction du budget familial consacré à l'achat de kérosène pour les lampes que l'on peut investir dans l'éducation ;

— une source d'éclairage le soir pour améliorer les revenus (en étendant le temps de travail possible) et pour permettre aux enfants de faire leurs devoirs ;

— une manière de cuisiner (four solaire) plus propre (plus de rejets carbone) et qui réduit la corvée de bois des jeunes filles ;

— une revalorisation des femmes dans la communauté : elles deviennent les ingénieurs et pourvoient l'énergie ;

— l'ouverture d'écoles du soir (le Barefoot College en a créé cinq cents en Inde et a formé déjà plus de trois mille enseignantes).

De nombreux villages en Inde, au Bangladesh et au Myanmar, optent maintenant d'emblée pour les solutions *off-grid* (hors réseau) à base d'énergies renouvelables. Des milliers de logements s'équipent ainsi en solaire en combinant microcrédits, aides publiques et d'ONG. Harish Hande, fondateur de l'entreprise sociale Selco, a déjà facilité ainsi l'installation de stations solaires d'électricité dans onze bidonvilles de Bangalore grâce à des microprêts. Dans les villages pauvres, Selco négocie avec les banques rurales et les coopératives paysannes.

Retour en France. Notre pays est en retard sur ses voisins européens en matière de transition énergétique, retard dû notamment à la puissance de l'industrie nucléaire. Ce manque d'impulsion publique a donné envie à certains groupes locaux de passer à l'action.

En Ille-et-Vilaine, Michel Leclercq et quelques amis maraîchers de Sainte-Marie rêvent d'éolien. Ils créent en 2007 une société de capital-risque qui mobilise les financements nécessaires (Site à Watts Développement). Sept ans de face-à-face avec l'administration plus tard (dans le paysage français, on ne plante pas où on veut de grands moulins), naît le parc de Béganne, puis deux autres, Sévérac et Avessac. Leur production annuelle correspond à la consommation de vingt-six mille foyers. L'électricité est injectée dans le réseau EDF avec un tarif de rachat garanti sur quinze ans. Les projets soutenus par Site à Watts et le réseau Énergie Partagée (un fonds d'investissement solidaire qui accompagne techniquement les installations solaires, éoliennes, et chaufferie bois) ont une particularité : la population locale a la maîtrise totale de la gouvernance de leur énergie, pas uniquement des dividendes. D'autres collectifs français, les centrales villageoises par exemple, regroupent habitants, entrepreneurs et collectivités publiques.

C'est dans les Pyrénées-Orientales que l'on peut constater le potentiel direct de ce modèle alternatif sur l'aménagement du territoire.

Ortaffa (mille trois cents habitants) est une petite commune rurale perchée au milieu des herbes sèches et des vignobles. Raymond Pla est râblé. Il a l'œil souriant et la nuque ridée par le soleil de ceux qui sont restés longtemps dehors pour travailler la terre. La conscience écologique de ce maire éclairé naît de l'observation des changements rapides de son territoire sous influence du changement climatique : vagues de chaleur, sécheresse, tempêtes et déprise agricole sur des terres érodées. C'est à lui que l'on doit le plus grand parc solaire du Languedoc-Roussillon, à sa conviction, sa persévérance et sa ténacité. À lui, et aux soixante-quatorze familles impliquées, au préfet, au conseil régional, au conseil départemental, à la communauté de communes et aux développeurs inspirés (JUWi, les Allemands et Shandong's Stars, le Français voyageur dont la conviction est née d'un voyage dans la Chine rurale des Solar Mamas locales).

Pour Raymond Pla, le parc est bien plus qu'un producteur d'énergies propres (trente-cinq millions de kilowatts heure par an, soit la consommation de quatorze mille personnes, c'est-à-dire dix fois la population d'Ortaffa) :

« C'est un projet d'intérêt général ! C'est un moyen de redynamiser l'agriculture locale et de fédérer mes citoyens. Je les ai associés à toutes les étapes de la décision et le projet a été accueilli à l'unanimité. Ça a impulsé une vraie dynamique locale à Ortaffa.

— Et vos agriculteurs, n'ont-ils pas eu peur de voir leurs champs perdus au profit d'une carapace photovoltaïque ? On se souvient qu'en 2008, Michel Guillar, président de la Chambre d'agriculture, martelait son célèbre "Halte au pillage !", bloquant plusieurs projets similaires.

— À Ortaffa, nous avons transformé la peur en levier d'action pour sortir de la déprise agricole et, au contraire, valoriser nos terres. C'était notre boussole. »

Troisième étape : l'Amérique du Nord et New York.

Face à la silhouette de Manhattan, *Brooklyn* valorise son paysage de toits terrasses. Je tombe sous le charme des *solar gardens*, une pratique en plein essor basée sur l'*energy crowdsourcing*. L'idée n'est plus de distribuer une énergie unique à partir d'un grand réseau national, mais de constituer des pôles locaux de production en combinant plusieurs sources renouvelables. Bienvenue dans l'économie collaborative : chaque pôle distribue ses surplus de production vers les territoires voisins.

En 2008, le ministère américain de l'Énergie publie un rapport (peu communiqué) sur cette pratique en plein essor. Il conclut que des milliers de ces pôles peuvent rendre chacun leur territoire autonome en électricité et en chauffage, obligeant le réseau national à se repenser.

Ce dernier deviendrait alors une source d'approvisionnement secondaire, en cas de besoin. La piste est présentée comme l'unique moyen de réaliser la transition énergétique des États-Unis. Le pays est-il prêt pour cette troisième révolution industrielle annoncée par Rifkin au début du troisième millénaire ? Les villes désobéissantes peut-être. Regardons-les tenir tête au climatoscepticisme de Trump.

À New York, le microréseau du Brooklyn Microgrid préfigure un nouveau paysage partagé de producteurs-consommateurs-vendeurs. Les toits sont des jardins potagers et des fragments de prairies américaines archétypales : graminées blondes, eupatoires et échinacées au cœur bombé. Les hipsters ultraconnectés évoluent sous les accents circonflexes des ombrières photovoltaïques.

Savent-ils qu'ils sont les fils des Solar Mamas ?

La ville Love Doll

Songdo (Corée du Sud)

La ville devient ultraconnectée. Elle analyse en temps réel les données de ses habitants pour optimiser sa consommation, sa production et sa distribution d'énergie. Surréelle, la ville « intelligente » cherche à s'humaniser.

Ses déclinaisons sont nombreuses : ville ubiquitaire, *smart city*, ville numérique, *green connected city*, *U-grid*, *U-city* et autres éco-cités. C'est le président américain Bill Clinton qui évoque pour la première fois en 2005 le concept d'une ville intelligente capable de décongestionner les grandes métropoles mondiales à l'aide des technologies de l'information et de la communication (les TIC). L'argument politique est simple : moins d'émissions de CO_2 et du temps économisé (donc de l'argent) pour les citoyens et les communautés locales. Clinton missionne Cisco, le géant des télécoms. IBM et Microsoft entrent dans la danse. En 2020, le marché de la ville intelligente devrait représenter mille quatre cents milliards de dollars.

En mutualisant les ressources à disposition, les villes 2.0. mettent les TIC au cœur de la cité. Truffées de capteurs en tout genre, la ville en *open data* s'impose vite comme l'outil idéal pour mieux contrôler (aussi) la consommation et la distribution des énergies renouvelables. Combiner géothermie, solaire, hydrolien, méthanisation, production de froid et récupération de la chaleur des *data centers* selon les lieux et les moments de la journée, rien de plus simple pour la ville connectée et sa grande famille d'algorithmes.

Elle est peuplée de bâtiments intelligents, gérés par domotique et organisés en réseaux (*smart grid*). Ils évaluent en temps réel vos besoins et vous concoctent le cocktail énergétique le plus économe. Incontournable (comme le smartphone et la montre connectée), la ville smart accepte d'autres missions. À Miami, Smartwater traque les fuites sur le réseau d'eau. À San Diego les lampadaires (équipés en LED économes) sont connectés, comme à Chartres, où ils ne s'allument que lorsqu'un usager passe à proximité (trente à soixante-cinq pour cent d'économies selon Vinci). Lyon, Manchester, Amsterdam, Barcelone, Helsinki, Paris et deux cents autres villes d'Europe parient sur cet outil intégré et déploient d'immenses toiles captives pour optimiser leurs réseaux. Le mouvement est planétaire.

La ville Robot, née d'une préoccupation environnementale (qui n'est pas sans rappeler l'hygiénisme du baron Haussmann au XIXe siècle), analyse le monde en termes de systèmes comme l'implique la cybernétique (née pendant la Deuxième Guerre mondiale). Elle étudie les interactions entre les systèmes identifiés pour en déduire les façons de les contrôler.

Écoutons le très stimulant Antoine Picon à Harvard : « Si la ville peut s'assimiler à un organisme complexe, à un mixte d'organisation humaine et d'infrastructure technique, pourquoi ne pas envisager de la gérer et d'orienter son développement à la façon dont on peut conduire un char, piloter des avions ou mener des politiques d'équipements stratégiques ? Et pourquoi, alors, ne pas envisager une salle de contrôle urbanistique, sur le modèle des postes de commandement militaire, où s'afficheraient les informations nécessaires au pilotage de la ville ? »

Monsieur le professeur, vous voilà servi, ces lieux existent, je les ai vus ! À Masdar (Arabie saoudite) on l'appelle la Conciergerie. Le Concierge est une intelligence artificielle qui a sous ses ordres une armée d'opérateurs chargés de faire respecter les consignes énergétiques. Il impose un couvre-feu et un temps de douche limité pour atteindre son objectif d'autonomie. Près de Séoul, c'est l'U-Media Center : des centaines de fenêtres ouvertes en direct sur l'intimité des habitants sous l'œil des techniciens U-Life.

En Asie du Sud-Est, au Japon, au Moyen-Orient, en Chine et en Afrique (Ekopolis à Lagos) fleurissent des villes Love Doll conçues ex nihilo comme l'a été Brasilia au XXᵉ siècle. Elles sont livrées clé en main au milieu du désert ou sur la mer. Vitrines idéales d'un futur technophile. Beaucoup sont déjà des villes fantômes, mais laissez-moi vous décrire Songdo, la plus emblématique et la plus achevée (en termes de chantier).

Traversons la mer Jaune jusqu'aux côtes érodées d'Incheon, la troisième ville de Corée. Son territoire (encore couvert de forêts pour moitié) accueille la banlieue de Séoul et le premier aéroport du pays. Leurs métros sont interconnectés, Incheon est un satellite de la métropole, une grosse lune. Lorsqu'en 2003 elle est désignée première zone économique libre de Corée (il y en a quarante maintenant), les grandes entreprises investissent massivement dans une nouvelle ville idéale : Songdo (littéralement l'île des Pins). Six cents hectares de polders gagnés sur l'avifaune des marais littoraux, cent millions de mètres carrés de projets immobiliers, deux cent cinquante mille habitants attendus et trente-six milliards d'euros déjà engagés. La Corée veut en faire le centre névralgique de l'Asie du Nord, un *hub* entre la Chine et le Japon, une *aérotropolis* (contraction entre aéroport et métropolis). Songdo ne se trouve qu'à quinze minutes de l'aéroport, donc reliée à un tiers de la population mondiale en moins de trois heures trente de vol. Le président Lee Myung-Bak l'intègre dans son projet de croissance verte et l'ONU y installe le siège du Fonds vert pour le climat. Songdo naît d'un partenariat public-privé sans précédent. Le consortium d'investissement rassemble le géant de l'immobilier américain Gale International, le quatrième producteur d'acier mondial Posco, et l'une des plus puissantes banques d'investissement américaine, Morgan Stanley. La gestion et la collecte des données sont confiées à U-Life, un *joint venture* fondé par Cisco (qui se fait discret après les révélations d'Edward Snowden sur les pratiques d'espionnage de la NSA).

Parcourons quelques-unes des fiertés de la ville :

— *Une réflexion protéiforme sur la mobilité* : taxis fluviaux, métro sans rejet de CO_2, quatre-vingt-dix-neuf pour cent des stationnements cachés sous la ville et une gestion dynamique du trafic en temps réel.

— *Une gestion des déchets* via des tubes pneumatiques reliant chaque appartement à une centrale enterrée qui les transforment en énergie renouvelable. Plus de poubelles ni de camions de ramassage.

— *Un cerveau central gérant la surveillance* des espaces publics en temps réel pour garantir la sécurité et le bien-être des habitants. Surveillez en direct vos enfants au square depuis votre salon et les déplacements de votre époux *pucé*.

— *Un parc immobilier bioclimatique entièrement domotisé* qui ferait rêver les ménagères Moulinex de l'Expo 58. Laissez-vous porter, faites-vous livrer, e-jardinez un potager virtuel, demandez à Siri, votre assistant Apple, de préparer votre soirée. Tentez le sexe virtuel (la Corée a signé récemment une charte de respect des robots pour éviter les dérapages du Japon).

— *Un choix de e-services éducatifs et de santé*. Suivez en direct des cours prestigieux depuis les meilleures universités d'Europe et d'Amérique. Consultez un médecin spécialiste situé à Dallas ou à Chicago.

— *Un système de gestion de la consommation* en eau et en énergie individualisé qui permet à chacun de corriger en temps réel son empreinte carbone contre des bonus de bonne conduite. Ceux-ci peuvent être échangés contre des avantages en nature (un abonnement à une salle de sport).

Voyons maintenant l'envers du décor.

La ville communique peu sur la principale source d'énergie de la ville (et de la Corée) : un charbon importé de Chine. La pollution de l'air est importante, les particules des villes productrices voisines sont soufflées par les vents vers Songdo. La climatisation tourne en continu dans les tours. Pas de grand-père (ni de grand-mère), pas de vendeurs de rue, pas de pauvres ni de ceux qu'on surnomme ici avec amusement les « digital illiterate » (les non-connectés). La population (entre soixante-dix mille et deux cent cinquante mille habitants) est principalement coréenne, séoulite. Ces trentenaires, cadres mariés avec deux enfants, sont forcément heureux de participer aux activités obligatoires organisées par les firmes comme Samsung qui les emploient.

En fait, l'urbanisme de cette ville ultraconnectée ne révolutionne rien. La trame urbaine est héritée des principes de la ville moderne, sans mise à jour spatiale. Elle est la résultante d'un collage assumé de références à de grandes villes dont on a capturé l'image sans tenter d'en comprendre la logique de fabrique urbaine. Voici les canaux de Venise, les boulevards parisiens, voilà Central Park. Mais sans l'inventivité extraordinaire des îlots modulaires haussmanniens (dont les boulevards sont la résultante), sans la façade continue de l'East et West Side new-yorkais, les cinémas de Broadway, l'Opéra Garnier et l'Arsenal. À quoi bon puisque vous avez dans votre salon leurs derniers shows en direct avec une qualité d'image et de son exceptionnelle ?

Songdo vous fascine mais la ville de l'intelligence artificielle vous fait peur.

Qu'en est-il de ma vie privée ?

U-Life est piloté par Cisco. Rappelez-vous Edward Snowden et George Orwell.

Qui décide au fond de mes besoins ?

Aujourd'hui, soixante-quinze pour cent des programmes de Netflix et de Deezer sont déjà choisis par les abonnés sur « recommandation ». Les clients s'en remettent à l'algorithme qui leur propose une sélection personnalisée après un profilage exhaustif de leurs goûts. Les GAFA (Google, Apple, Facebook, Amazon) gèrent chaque jour des milliards de données. Éric Sadin est philosophe. Il constate que la gestion automatisée de nos besoins prend peu à peu le pas sur notre faculté de décision.

Que reste-t-il de la société ?

L'hyperconnectivité repose sur la mise à disposition de terminaux-capteurs possédés par des individus reliés en permanence à un ordinateur central. L'U-media Center contrôle l'intégralité des services. L'*architecture informatique* devient aussi importante que l'*architecture politique*, les frontières public-privé s'effacent au profit de l'individu. Dans ce système hyperrationalisé, la solidarité disparaît rapidement. La ville de l'intelligence artificielle n'intègre pas encore les paramètres de cohésion sociale, le rapport entre les communautés, la multiplication des ghettos, la désaffectation démocratique ou le maintien des commerces dans les quartiers.

Avouons que cette ville « intelligente » nous ennuie plus qu'elle ne nous angoisse. J'avais espéré trouver à Songdo une nouvelle pensée de la forme urbaine. Si l'hyperconnectivité réinvente les modes de travail, ne doit-elle pas aussi révolutionner le bureau et la maison ? Si elle métamorphose la mobilité et les notions même de temps et de parcours, ne doit-elle pas interroger la rue et la morphologie des quartiers ? Si elle est à ce point sensible à son environnement en matière de consommation d'énergie, n'aurait-elle pas dû se poser différemment sur le territoire, plutôt que couchée sur un faux littoral menacé par la montée du niveau des mers ? Certes Songdo peut faire frissonner (de peur ou d'excitation) un Européen. Que serait une ville sans ses habitants ? Merci Shakespeare. Certainement plus qu'un système d'exploitation.

En considérant que la véritable clé réside sans doute plutôt dans une intelligence collective d'un nouveau genre capable de permettre une réflexion et une action communes, la ville de l'intelligence artificielle, ouvre d'autres perspectives. Cette évolution – une humanisation de la smart city – est en cours, notamment dans une douzaine de villes françaises, d'Issy-les-Moulineaux à Saint-Étienne. Elle privilégie la décentralisation, le contrôle par les citoyens et l'ouverture via des plates-formes participatives et des grilles énergétiques collaboratives.

Osons ce futur. La ville ultraconnectée est plus qu'une *love doll*.

Les paris branchés de Paris

Paris (France)

Paris fond.

Paris tousse.

Nous écrivons ces lignes avant l'été et pourtant la canicule frappe déjà la capitale. Impossible de ne pas repenser à la vague de chaleur mortelle de 2003 : quinze mille morts dans l'Hexagone en douze jours. Comment oublier la centaine de civières alignées dans les entrepôts frigorifiques de Rungis, et dessus, dans un silence assourdissant, ceux que la presse avait nommés « les corps en rade » : trois cents victimes anonymes et oubliées, trois cents Parisiens et Parisiennes morts de chaud dans l'ignorance de la plus belle ville du monde ?

Depuis, Paris a amélioré sa réactivité : prévention, suivi, solidarité et mesures municipales volontaristes. Les parcs restent ouverts la nuit, les places et les quais de Seine brumisent, piscines et bibliothèques publiques tissent de nouveaux liens. L'été dernier pourtant, trois cent mille Parisiens ont subi des coupures importantes de courant. Et la France a frôlé le scénario catastrophe d'un black-out qui a coûté trois cents millions d'euros à EDF (merci à nos voisins belges, danois, italiens et allemands pour leur électricité). Si en été on consomme moins qu'en hiver (environ trente-cinq mille mégawatts), chaque canicule provoque un effet de cisaillement qui affole le modèle énergétique français actuel. RTE (le Réseau de transport de l'électricité en France) considère que chaque degré de température au-delà de vingt-cinq degrés Celsius implique une hausse de consommation de quatre mille mégawatts. À quarante degrés Celsius, comme ce mercredi de juin, nous ajoutons soudain à nos besoins l'équivalent de la consommation de la ville de Nantes. Parallèlement, la canicule ralentit la production de notre bouquet énergétique : tel est l'effet de cisaillement. Les cinquante-huit centrales nucléaires qui pourvoient aux trois quarts de nos besoins refroidissent à l'eau de la mer et des fleuves. Pour éviter que les rejets brûlent et détruisent de ce fait nos écosystèmes liquides, on a fixé un seuil de température maximale des eaux rejetées qui limite les capacités de production. Et quand la canicule frappe, elle chauffe aussi la température ambiante de ces milieux, se rapprochant naturellement des seuils autorisés. Même problème pour nos centrales thermiques classiques : fuel, charbon, gaz. Les réseaux de transport électrique (lignes haute tension et autoroutes souterraines) sont rapidement surchargés : certains doivent délester le courant qui ne peut pas circuler sur ceux dont les températures de l'air ou des sols l'interdisent. Côté jardin, l'éolien ne tourne pas en l'absence de vents, et l'hydrolien tourne dans le vide alors que le niveau des fleuves et des lacs de moyenne altitude baisse en flèche. Reste le solaire et le photovoltaïque, direz-vous ? Oui, mais il ne représente aujourd'hui qu'un pour cent à peine de nos ressources françaises. Et puis, la canicule, c'est l'été. Et l'été, c'est la période de maintenance des centrales : qui voudrait qu'elles nous sautent au visage ?

En 2005, surfant sur les directives européennes, Paris élabore son Plan Climat énergie territorial. Paris sera plus ambitieuse, plus forte que les autres (c'est Paris, n'oubliez pas !) : vingt-cinq pour cent d'émissions de GES en moins, vingt-cinq pour cent de consommation en moins et vingt-cinq pour cent de production d'énergies renouvelables et de récupération d'ici 2020. Et à l'horizon 2050, soixante-quinze pour cent de réduction des GES.

Dix ans plus tard, Paris accueille la COP21 et emporte un *oui* universel des cent quatre-vingt-quinze délégations internationales pour limiter le réchauffement climatique sous la barre des deux degrés Celsius. Les Accords de Paris provoquent un souffle d'espoir planétaire. Le 1er juillet 2017, le nouveau président des États-Unis Donald Trump le balaie au nom de la relance de l'économie énergétique américaine.

Face à ce positionnement climatosceptique de l'État, *les villes désobéissent*. New York, Washington, San Francisco, Los Angeles, Pittsburgh créent une Alliance pour le climat qui se propage comme un feu de forêt. Quelques mois plus tôt, Paris prenait la tête du C40, *le* club des « villes qui comptent » dans la lutte contre le réchauffement global : New York, Rio de Janeiro, Toronto, le Caire et quatre-vingt-quatre autres villes. En tout, le C40 c'est six cent cinquante millions d'habitants et un quart de l'économie mondiale.

Bravo Anne Hidalgo ! Première femme maire de Paris (2014) et première femme présidente du C40 (2016).

La maire et ses équipes multiplient les outils communicants. En voici cinq :

— Le Plan Climat et son arsenal de guides, chartes et outils d'évaluation convoquent l'ensemble des services municipaux : politique de rénovation thermique des logements, prescriptions d'urbanisme compact et producteur d'énergie, bouleversement du tertiaire et des services, révolution des transports, innovations en matière d'équipements et nouvelles pratiques de l'espace publique. Leur force est de penser transversalement. Paris promet de réinventer le paysage vivant et l'écologie urbaine de la ville : biodiversité, eau, déchets, trames de vie.

— L'Agence parisienne du climat évalue des actions mises en place par la ville. Sa mission est d'adapter les stratégies en fonction des résultats mais aussi du contexte mondial et national qui évolue très vite (lois, aides, situation climatique, sociale et énergétique concrète).

— Un réseau international de villes référentes. Paris, hyperbranchée, est inscrite dans une dizaine de clubs de villes planétaires qui échangent constamment sur leurs expériences en matière de politique urbaine et de résilience (crues, inondations, îlots de chaleur urbains, érosion des sols, pollutions). ICLEI, C40, 100 Resilient-Cities et autres creusets d'expériences sont à l'initiative des maires, des Nations unies et des fondations privées, parmi lesquelles la famille Rothschild.

C'est ainsi que naît le *vélo viral*.

Le maire de Chicago visite Séville en 1992 et y tombe amoureux du vélo en libre-service mis à disposition par la municipalité. À son retour, il fait voter l'installation de cent soixante kilomètres de pistes cyclables urbaines au pied des premiers gratte-ciel du monde. Il en parle à son ami, le maire de New York qui revient d'un voyage aux Pays-Bas où le phénomène a pris de l'ampleur. Le téléphone arabe sonne. Les maires de Barcelone, Rennes, Lyon, Bordeaux puis Paris cèdent à son charme. Vélov, Vélib, vél02 et autres *smartbikes* obligent les villes à redessiner et adapter les voiries. Le réseau des maires s'active : les Pays-Bas testent des pistes lumineuses (réfléchissantes, bioluminescentes ou photovoltaïques), les Danois et les Chinois en profitent pour guider la pluie vers des jardins filtrants (Chicago achète !) et les villes françaises déploient des rubans clairs contrastants avec le traditionnel asphalte noir (albédo oblige : il fait déjà chaud chez nous).

— Les contrats climat et le budget participatif. Paris s'entoure de toutes les énergies disponibles et stimule les partenariats engagés. Vous avez une idée innovante pour participer à l'effort de la ville ? Rejoignez-nous. Que vous soyez une entreprise multinationale, une start-up ou un particulier, Paris a besoin de vous. Voilà un slogan qui lève des troupes à l'heure du réveil des initiatives citoyennes et du marché concurrentiel de la croissance verte. Paris est une marque, un faire-valoir commercial non négligeable.

— L'appel à idées : Réinventer Paris. En 2014, la Direction de l'urbanisme, maître d'œuvre de la stratégie foncière et immobilière de la ville, cible vingt-trois sites à enjeux pour libérer la créativité des investisseurs, concepteurs et opérateurs urbains de tous horizons. Réinventer Paris est plus qu'un concours international, c'est un « levier pour l'innovation urbaine au service de la vision environnementale engagée de Paris » (au risque d'une certaine gentrification). Les équipes s'engagent à dépasser les objectifs du Plan Climat. Pour faciliter la faisabilité opérationnelle des projets retenus, la ville révolutionne son cadre législatif (règlement, additifs, recueil de clauses de garantie, clause d'affectation, soit plus de quatorze mille documents hébergés sur le site de la chambre des notaires de Paris). Huit cent quinze intentions de participation, trois cent soixante-douze offres remises en 2015, soixante-seize projets en compétition et vingt-trois lauréats en 2016. La métropole du Grand Paris lance en 2017 une opération similaire (Inventons la Métropole !). Pour suivre la révolution, Paris publie un glossaire. Il faut dire que l'innovation secoue la ville-musée : Paris va accoucher dans les prochains mois d'incubateurs de start-up, de *cluster* d'agriculture urbaine, de ressourceries, d'agro-gîtes urbains et autres coworking et FabLab pour Kolocs à projets solidaires locavores, adeptes de cuisine participative. Côté production d'énergies alternatives, on est démonstratif au risque d'être un peu anecdotique : aérogénérateur, béton photovoltaïque, géothermie sur nappe, méthanisation par immeuble, dalle piézoélectrique et géo-cooling.

Adieu à l'image figée depuis Napoléon III et le baron Haussmann. Paris, ville-musée, devient laboratoire d'architecture et d'urbanisme. Il était temps. La question de la transition énergétique la force à repenser quatre fois plus.

Paris repense son bâti

Voilà venue l'ère des BBC, et de leur lente marche sur la ville. Le bâtiment basse consommation devient la norme parisienne. Il trouve dans le Paris dense d'Haussmann un héritage intelligent et stimulant. Le baron urbaniste n'est-il pas parvenu à inventer un jeu modulable à l'envi et durable avant l'heure ? Derrière les boulevards arborés vivent jusqu'à quarante-quatre mille habitants au kilomètre carré, autant qu'à Hong Kong et son modèle vertical. Le BBC est connecté en *smart grid*, bioclimatique et parfois même support d'une centrale d'énergie. Le stade Jean-Bouin exhibe ses deux cent cinquante mille panneaux photovoltaïques et la Halle Pajol est la plus grande centrale solaire construite à ce jour en milieu urbain dense. Paris consomme moins, Paris consomme un peu mieux.

Paris repense sa trame et sa morphologie

Il pleut des éco-quartiers, des éco-cités et des agro-quartiers labellisés. Les porosités et les délaissés de la ville, ses fractures ferroviaires ou viaires accueillent de nouvelles populations : aux Batignolles, le long du canal de l'Ourcq ou encore entre les infrastructures routières de l'opération Bercy-Charenton. Le mot d'ordre à retenir est *mixité*, des formes, des usages, des générations et des classes sociales. Les nouveaux urbanismes hybrident et empilent l'improbable. Appelez ça le *stacking*. Paris n'en a pas le monopole. Cette tendance pousse au mutualisme et au métissage des genres (à défaut des populations, soyons honnêtes). Économies d'énergie garanties : partage, proximité, temporalités d'usage mieux réparties et espaces publics bienveillants. Paris ose déplafonner son horizon haussmannien figé à trente-sept mètres : les premières flèches du XXIe siècle montent à l'assaut du ciel de Victor Hugo. La morphologie de la capitale change. Londres regarde sa petite sœur avec amusement : il était temps qu'elle s'émancipe ! Et pour chauffer (ou refroidir) ces morceaux de ville, on convoque la géothermie, le solaire, la méthanisation avec plus ou moins d'effets. Bien connectés, ils peuvent partager leurs énergies avec les voisins : le tertiaire (ses ordinateurs et ses *data centers*) chauffe des piscines parisiennes. Une grande partie de l'énergie utilisée est dissipée sous forme de chaleur, cette chaleur est récupérée et valorisée à Paris dans le CPCU, le réseau de chaleur urbain.

Paris repense sa mobilité

Les soixante-huit gares du Grand Paris Express, la nébuleuse qui doit révolutionner la métropole, les trams des Maréchaux, les bus au biogaz (merci Veolia : la valorisation des ordures parisiennes comme nouvelle source d'énergie rend l'air plus respirable), les navettes fluviales (prises d'assaut par les touristes), l'Autolib, le Vélib et bientôt les taxi-drones volants sur la Seine. Pas de doute, Paris bourdonne. Jules Verne aurait applaudi. Au-delà des engins à ailettes, des *hubs* que deviennent nos gares (centre commercial, équipement, jardin public, services et socle d'habitation connexe), c'est aussi le trajet qui est repensé. Le télétravail et le coworking bouleversent le tertiaire et les réflexes des à-plats de bureaux. Dedans, le plateau de bureaux devient convivial, communautaire, partagé, ludique et biophile. Fini le zonage moderniste et le ghetto des *salarymen*. Les infrastructures deviennent des corridors écologiques. On les recouvre de parcs et de jardins potagers, on retisse la ville brisée par-dessus les saignées enthousiastes de l'ère du tout-voiture. Paris retrouve ses quais de Seine et déjeune sur l'herbe de son périphérique. On y vient en tongs s'étendre sur une serviette de plage dès le mois de mai. Les néo-Parisiens branchés en tout cas.

Paris repense son fleuve

Malgré les éternels mécontents, les quais de Seine sont revenus aux Parisiens poètes et aux familles actives. Au-delà du cœur historique, Seine Aval et les projets visionnaires de la région poursuivent le travail de reconquête du fleuve. Mais c'est en dessous du sol que nous avons découvert la plus originale des révolutions en termes d'énergie : Climespace.

Cette filiale d'Engie exploite et développe à Paris le plus grand réseau de froid urbain au monde. Elle utilise la fraîcheur naturelle de l'eau de la Seine pour refroidir les machines de production toute l'année (on parle de *free-cooling*). Totalement invisibles, les centrales de production d'énergie frigorifique rafraîchissent les hôtels, les musées, les bureaux, les bâtiments de la République et quelques salles de spectacle de la capitale. Cinq millions de mètres carrés climatisés par la Seine, soixante-treize kilomètres de réseaux souterrains, six cents clients raccordés, dont l'Olympia, la Philarmonie, les Galeries Lafayette et le Louvre ou encore le ministère de la Défense. Climespace permet de consommer moins (plus cinquante pour cent d'efficacité énergétique, moins trente-cinq pour cent de consommation d'électricité) et de consommer mieux (baisse de cinquante pour cent des émissions de CO_2 et réduction de soixante-cinq pour cent de la consommation d'eau). La visite du centre de contrôle sous la Seine me laisse sans voix, c'est un voyage dans un futur trop peu connu. Engie part à la conquête du Pacifique, du Moyen-Orient et de l'Asie du Sud-Est.

Paris ne peut pas être indépendant énergétiquement, mais la part de ses énergies renouvelables et de récupération peut encore être grandement améliorée. Paris consomme aujourd'hui quarante-trois mille gigawatts-heure par an (dont trente-sept mille d'origine nucléaire, gaz naturel et fuel) mais n'en produit localement que mille deux cent quarante par an (dont six seulement d'origine solaire). La ville a beau être créative et super-économe, il faut élargir son territoire de captation.

Paris grandit. Elle couvre le périphérique de ponts-jardins et tisse des liens avec la première couronne. En 2016 naît la métropole du Grand Paris après une gestation de plusieurs siècles. C'est un projet napoléonien dont les contours et les ambitions ne cessent d'évoluer. Alors que le feuilleté administratif métropolitain cherche encore sa place entre la région Île-de-France et Paris l'insolente, la vision réactivée d'une métropole s'étendant jusqu'au Havre semble abandonnée. Dommage, l'air du large fait du bien au teint.

Les portes du Pacifique

Seattle (Washington) – San Francisco (Californie)

Les villes littorales s'avancent avec appétit vers l'océan. Elles gomment les obstacles de l'époque moderne qui les ont tenues à l'écart du rivage : autoroute littorale, viaduc à étages, voie ferrée, enclaves balnéaires et ports industriels. Promenez-vous sur le front de mer d'EuroMéditerranée à Marseille.

Tous au bastingage : ici on refuse la privatisation du front de mer et on revendique l'image d'une métropole côtière urbaine et plurielle.

Parfois la menace d'une catastrophe est la clé de la transformation. En ce début de XXIe siècle, les villes littorales ont l'embarras du choix : érosion des côtes, deltas qui s'enfoncent (subsidence), liquéfaction des polders, tsunamis, ouragans, pollutions, acidification, surpêche et montée des eaux.

Direction la porte de l'Alaska.

Seattle est l'une des plus grandes villes de la côte Ouest, un port spécialisé dans le commerce transatlantique de l'Amérique et un pôle industriel majeur d'Amérique du Nord. La population urbaine a augmenté de trente pour cent depuis 2000. Pour suivre la demande, la ville a construit plus de quinze mille logements ces deux dernières années. Rien qu'autour d'Elliott Bay et son futur front de mer libéré, on compte en ce moment soixante-huit bâtiments en chantier pour un total de quatre billions et demi de dollars. Visitons l'expansion du *hub* commercial de Pike Place MarketFront (soixante-quatorze millions de dollars) : rien que des terrasses avec vue sur les monts. Plus loin, passons sous les poutrelles du futur QG de Weyerhaeuser, le géant des scieries : 1,3 million de mètres carrés de bureaux aériens, biophiles et durables. Au delà s'érige la Fondation Bill Gates (trois cent cinquante millions de dollars) et ses futures prairies-éponges suspendues. Autant de natures hybrides et de balcons sur l'horizon.

Il faut dire que la ville a bien choisi son site. Lovée entre les montagnes Olympiques et la chaîne des Cascades, son territoire est à moitié liquide. Le Puget Sound s'avance vers l'ouest dans les grands bleus glacés du Pacifique, alors qu'à l'est, la ville s'enroule autour du lac Washington. Tout autour se déploient d'immenses forêts d'émeraude. Son climat est certes bruineux, mais constant. Les courants océaniques du nord rencontrent ceux du sud, d'où des tempêtes isolées, loin du cœur de la cité.

Seattle vend aujourd'hui une image de ville nature, plus verte et plus connectée à son environnement. Rappelons qu'un peu plus haut sur la côte, sa voisine canadienne, Vancouver, accélère ses actions et ses projets écolos démarrés il y a déjà quarante ans. La compétition est dure.

En 2006, Seattle signe l'Accord des maires des États-Unis sur la protection du climat et s'engage à réduire ses émissions de gaz à effet de serre de six cent trente mille tonnes par an. Elle encourage les constructions durables et innovantes, infiltre son tissu urbain de parcours vélos, opte pour une flotte de véhicules hybrides et profite des campagnes de plantation participative pour étendre sa canopée.

Son grand projet de reconquête du front de mer à Elliott Bay (sept cent cinquante millions de dollars) cristallise sans doute toutes ses ambitions. Seattle a choisi une star médiatisée du paysage pour le porter : James Corner. On lui doit la High Line de New York mais aussi la reconquête des jetées de Philadelphie et du nouveau rivage ultrabranché de Hong Kong.

Au début du XXe siècle, la nouvelle ligne de côte est avalée par les besoins industriels et portuaires : jetées, plates-formes sur forêts de pilotis, passerelles, nappes de béton pour le déchargement et l'entreposage, voie ferrée et même, pour aller toujours plus vite, un viaduc à deux niveaux. L'Alaskan Way, hommage aux pionniers de la ruée vers l'or, met définitivement la ville hors de portée de l'océan.

En 2001, la terre tremble sous le Puget Sound et l'Alaskan Way s'effondre en partie. L'émotion passée, la voie vers le Pacifique est ouverte. Vingt ans plus tard, la ville attend un tout nouveau front de mer, connecté à la cité, débarrassé des voitures et des friches industrielles en déshérence.

Seattle désenclave le rivage.

Elle veut reconnecter son tissu urbain au littoral, mais aussi tendre un cordon de promenades entre ses grands équipements côtiers : l'Aquarium, le Pike Market et l'Olympic Sculpture Park conçu comme un origami au-dessus des voies ferrées.

La diminution des flux autoroutiers et la multiplication des voies de mobilité douce (promenades transversales, parcours vélos, stations en libre-service) contribuent à l'effort de réduction des GES et à la qualité de l'air. Les jardins de pluie filtrent les ruissellements contaminés avant de les rejeter à l'océan. La canopée apporte de la fraîcheur dans la ville et diminue l'inconfort de ses îlots de chaleur. Même les jeunes saumons s'y retrouvent : la digue se paie un lifting, et ses vieilles parois lisses sont doublées d'une croûte de béton texturé, matrice de replis fertiles. On y voit déjà une faune et une flore océanique satisfaite. Le sol des promenades en balcon est percé de milliers de pavés de verre pour chasser les ombres sur les eaux profondes de l'ancien port. Changement complet de paradigme avec pour objectif la vie. Voilà bientôt une forêt d'algues, une nourriture en abondance et un climat de sérénité pour les poissons.

La ville s'est adjoint la complicité d'une association à but non lucratif : Friends of Waterfront. Ils gèrent les jardins, programment les activités saisonnières, lèvent des fonds et participent à la conception des espaces. Les grandes opérations immobilières commerciales connexes déploient leur propre service de sécurité, les « amis du front de mer » sont rassurés.

« La ville ne pouvait pas assurer ceci seule. »

Si l'ensemble reste public, la clé de sa réussite passe par cette alliance avec le privé qui a fait ses preuves à New York (High Line), à Boston (Rose Fitzgerald

Kennedy Greenway) et à San Francisco (Embarcadero et Presidio Point).

Pour retrouver son front de mer, Seattle n'a pas frémi.

Elle a démonté son viaduc, et, par la même occasion, le flux de voitures qui coupait le littoral.

Elle a retiré le mobilier autoroutier associé : barrières, bordures, chasse-roues, bretelles, mâts d'éclairage et signalisation, craqué l'enrobé et le béton, réduit les voies et creusé des jardins océaniques.

Elle a percé les balcons pour permettre à la lumière de créer la vie sous les ouvrages, ouvert des portes et découpé des kilomètres de clôture.

Elle a désossé les entrepôts et habité leurs squelettes, griffé les nappes de stationnement, réduit les parkings et détruit les silos obsolètes. Enfin, elle a aspiré les boues polluées et nettoyé les carcasses industrielles pour renaturer son rivage.

Quant à ceux qu'elle ne voulait plus voir sur son bastingage (prostituées, junkies et sans-abris), elle n'a fait que les déplacer.

Descendons la côte Ouest américaine jusqu'à *San Francisco*.

L'océan est le même, mais le climat est ici plus serein et ensoleillé. Bienvenue en Californie. San Francisco s'est engagée dans une politique verte volontaire il y a déjà plus d'une décennie. On y a vu sa canopée doubler en quelques années sous l'impulsion du Better Streets Plan, lancé par la ville et mis en œuvre de manière participative avec une armée de jardiniers volontaires et d'associations de citoyens. C'est ici aussi qu'est né le PARK(ing) Day, qui transforme les places de stationnement en jardins temporaires. Ici les anciennes jetées industrielles de l'Embarcadero proposent des boutiques d'aliments bios et des menus locavores. Ici enfin on vient du monde entier voir la gestion exemplaire des déchets.

San Francisco touche de toutes parts l'océan et la baie. Il restait une coupure gênante à Presidio Point, sous le Golden Gate Bridge. Elle se résorbe. Au pied du célèbre pont rouge immortalisé par Hitchcock dans *Vertigo*, s'étend un parc de plusieurs hectares. Pour le relier, la ville construit en 1930 un viaduc titanesque : Doyle Drive. Ce mille-pattes d'acier et de béton coupe la pointe nord de San Francisco en deux. D'un côté le rivage et ses marais salés, de l'autre une base militaire pour garder la baie. Les militaires n'ayant pas besoin de rejoindre la côte mais plutôt d'une clôture, le viaduc s'est élevé comme un mur infranchissable et opaque. En 1989, la terre tremble à Loma Prieta. La faille de San Andrea se rappelle à San Francisco. Doyle Drive se fissure. Sa structure est compromise. Le trafic ralentit. En 1994, l'armée américaine abandonne définitivement Presidio. Désormais, on contrôle le monde par satellite. Les casernes sont réhabilitées : ateliers d'artistes, logements, restaurants fusion, commerce équitable et coworking de créatifs vegans. Le prix de l'immobilier grimpe. Comme Doyle Drive doit être rénovée, San Francisco décide de l'enterrer dans un sarcophage de béton et de le couvrir d'un paysage littoral de cinéma. Le Presidio Trust et le National Park y voient l'opportunité d'étendre le parc du Golden Gate Bridge et lancent un concours international. Comme à Seattle, la ville s'allie à une association privée (Friends of Presidio Point) qui co-conçoit, programme et lève les fonds : cinquante et un millions de dollars du privé, dont la moitié de la seule fondation S. D. Bechtel. Le National Park Service et le Golden Gate National Parks Conservancy, l'équivalent de notre Conservatoire du littoral, assurent sa gestion.

Tandis que Seattle a dû beaucoup démonter pour retrouver son contact avec l'océan, San Francisco n'a pas cessé d'ajouter. Elle couvre les deux voies rapides littorales d'un tunnel puis d'une gigantesque colline de remblais paysagée. On peut désormais voir le célèbre Golden Gate, l'île des Anges, Alcatraz et l'horizon des gratte-ciel. Elle enrichit ces terres avec un mélange fertile provenant de la valorisation des déchets de la ville, et y plante une palette végétale locale. La cinquantaine d'espèces du cru est prélevée dans le parc national voisin, et multipliée en nurserie sous le Golden Gate Bridge. La ville insiste : elle veut retrouver l'ambiance, mais aussi la richesse des milieux naturels écologiques côtiers d'avant Doyle Drive.

Bye Bye les digues

Bangkok (Thaïlande) et seize champs de bataille : Venise, Canton, Tokyo, Dordrecht, Rotterdam, Taichung, La Teste-de-Buch, New Jersey, Hoboken, New York, BosWash, La Nouvelle-Orléans, Qinghai, Hambourg, IJburg, Almere

Les villes littorales ne se laissent pas submerger. Elles repoussent les assauts naturels venus des mers : montée du niveau des océans, ouragans et typhons. Elles assurent désormais la résilience de leur littoral et surmontent l'érosion et la subsidence des deltas. Le temps des digues est révolu, la ville déploie déjà de nouvelles armes, inspirées du monde naturel.

L'ennemi semble invincible et atemporel.

Depuis le Déluge et l'Atlantide, l'histoire regorge de cités englouties. Nous écrivons ces lignes alors qu'Irma vient de balayer les villes et les villages des Caraïbes. Sur les écrans de télévision passent en boucle les images satellites de la fougueuse spirale climatique et celles des miettes de villes et de familles qu'elle abandonne dans les mares d'eau salée. Irma fait cap vers la Floride, dont les plages, érodées parce que trop urbanisées, préparent déjà la submersion de Miami.

Bienvenue dans l'ère de l'anthropocène : l'homme (*anthropos*) a désormais le pouvoir de bouleverser la géologie de la planète. Des lignes de côtes se déplacent, des îles s'effacent et la géographie mondiale se redessine. Soixante pour cent des urbains mondiaux habitent aujourd'hui le littoral. Cette population ne cesse d'augmenter avec les flux migratoires du XXIe siècle : deux cent cinquante millions d'exilés d'ici 2050. La plupart rejoignent déjà les villes et leur double promesse d'emploi et de refuge.

Mais sur la côte, le refuge est un mirage. Les experts estiment que les deux tiers des mégalopoles littorales prennent déjà l'eau.

Au Nigeria, la troisième ville la plus peuplée au monde est sérieusement menacée. Lagos (vingt-trois millions d'individus) accueille sur ses franges informelles et inondées plus d'un quart de million d'habitants. Makoko est le plus vaste bidonville sur pilotis d'Afrique. La croissance démographique du Nigeria est galopante. L'ONU estime que sa population atteindra cent soixante millions d'habitants d'ici 2040, dont plus de cinquante millions de jeunes sans éducation. Makoko se noie sous la montée des eaux sales du golfe du Bénin. L'occupation précaire fragilise encore davantage les maigres barrières naturelles de la ville. La lagune disparaît et expose directement le plus grand port d'Afrique aux courants océaniques.

La France, et son très grand littoral, n'échappe pas à la montée des mers. En 2010, la tempête Xynthia nous l'a rappelé en une seule nuit : quarante-sept morts, un milliard et demi d'euros pour les assureurs, plus d'un million de foyers sans électricité et cinquante-deux mille hectares de terres agricoles submergées. Près de neuf cent mille Français de l'Hexagone vivent sous le niveau atteint par la mer en conditions extrêmes : dix pour cent en Méditerranée, cinquante pour cent dans la Manche et la mer du Nord, quarante pour cent sur la façade Atlantique.

Les adaptations nécessaires à la survie de ces villes sont chères, mais le coût estimé des pertes plus encore. La Banque mondiale publie les chiffres à prévoir si aucune mesure n'est mise en place d'ici 2050 : deux cent soixante-huit milliards de dollars pour Canton, deux cent neuf à New York, cent trente-deux à Mumbaï, quatre-vingt-quinze à Hô-Chi-Minh-Ville. Nos banquiers sont unanimes : il faut agir, et vite. L'eau salée ronge déjà l'économie : le risque financier accru et les inondations à répétition entraînent l'explosion des taux d'assurance qui refroidit les investisseurs. Alors, pour rassurer et s'assurer des financements nécessaires, certaines villes inventent.

La ville balnéaire mue, convoque les stratégies naturelles et les hybrides : mangroves de carbone, cordons dunaires artificiels, cités flottantes et forêts à poissons parcourues de passerelles en alliage léger. Et au-delà de ces belles danseuses sur le front de mer, la ville déploie un ballet entier de génie hydraulique et d'infrastructures pour innerver l'arrière-pays.

Irma est médiatique, comme l'ont été Katrina, Sandy, Haiyan et leurs cousins tempétueux. Le fantasme du Déluge stimule l'imaginaire. Les monstres et les tueurs en série fascinent. Mais nos villes doivent en réalité faire face à la combinaison de phénomènes plus complexes et moins épisodiques. Pour combattre un ennemi, il faut bien le connaître. On ne soigne pas un cancer avec de l'aspirine. La menace sur la ville littorale combine selon les cas jusqu'à quatre phénomènes :

Élévation du niveau des océans

La mer monte. La recette est simple. Augmentez la température globale. D'une part, les eaux plus chaudes se dilatent et occupent plus de place. D'autre part, le Groenland reverdit, l'Antarctique sue et les glaciers du monde fondent. Et arrosent les vallées. N'oubliez pas de bien imperméabiliser celles-ci avant de mettre au four en bétonnant généreusement les villes qui s'étalent. Les flots gonflent les fleuves et les rivières jusqu'aux deltas fragilisés. Enfin, les courants marins et atmosphériques, perturbés, agitent la soupe. Quand le cycle des moussons se dérègle, le soufflé est prêt.

Épisodes sismiques et climatiques

La mer bouge. À côté des tsunamis spectaculaires mais rares, les villes côtières peuvent subir des ondes de tempêtes. Soulevée par les cyclones, la surface de l'océan est poussée vers la ville littorale et pénètre au cœur du tissu urbain. En août au Japon, c'est la période des typhons. Ces cyclones tropicaux sont les cousins des ouragans de l'Atlantique. On en compte une trentaine par an sur l'archipel. Ces vents puissants provoquent immanquablement une onde de tempête qui peut submerger les villes-rivages. En 2015, Ana, Bill, Claudette, Wanda, Teresa, Kate et trente autres Sam en ont inondé plusieurs milliers de kilomètres carrés.

Érosion des côtes

Le rivage des villes s'effrite et les miettes sont emportées par les courants. Encore une recette facile : coulez un maximum de béton sur le littoral. Détruisez systématiquement les milieux humides côtiers en les bâtissant ou en les cultivant : élevages de crevettes, piscicultures ou polders agricoles surélevés. Pour un résultat plus rapide, préférez une agriculture intensive. Piller ensuite le sable des plages qui restent pour alimenter les bétonnières de Dubaï ou de Singapour (quarante milliards de tonnes par an selon l'ONU). Installez des barrages – quarante-cinq mille à ce jour – en amont des deltas habités, retenez-y les sédiments fertiles et regardez disparaître les mangroves et reculer les côtes. Enfin, si vous êtes à proximité, n'hésitez pas à polluer encore un peu les mers pour voir blanchir le corail et détruire la barrière naturelle. Au Cap-Vert, les marchandes illégales de sable ont une dizaine d'années. Je les ai regardées creuser à mains nues le sol sous leurs pieds pour quelques escudos par mois. En Islande, Reykjavik profite de la hausse des températures et inaugure sa première plage de sable. Les baigneurs, ravis, ont pu suivre en direct sur leur mobile le voyage des barges blondes venues du Maroc.

Subsidence des deltas

Les grands deltas du monde s'enfoncent. Les géologues appellent cette catastrophe *subsidence*. Les deltas sont le berceau de nos civilisations. Leur sol est très fertile, nourri des sédiments de rivière. Leur faible relief invite à construire facilement. Et leur exceptionnelle situation géographique encourage le commerce, à la croisée des routes maritimes et fluviales. Le delta du Gange et du Brahmapoutre (cent quarante millions d'habitants) s'enfonce de deux centimètres par an sous la mer. Submergé d'un mètre, le Bangladesh perdrait vingt pour cent de ses terres agricoles. En un siècle, Shanghai s'est enfoncé de trois mètres, Jakarta de quatre mètres, Manille d'un mètre et Tokyo de plus de cinq mètres. La faute est d'abord attribuée au pompage excessif de la nappe phréatique qui s'effondre sur elle-même. On blâme l'agriculture intensive, l'industrie et les pollutions de surface qui ont poussé les habitants à pomper toujours plus profondément l'eau souterraine. Certains s'accordent aussi à dénoncer la compétition entre les tours élancées des villes. Ces trente dernières années à Shanghai, on est passé de cent vingt immeubles de cent vingt-quatre mètres de hauteur à plus de mille. Le plus haut grimpe à six cent trente-deux mètres au-dessus du sol, et plonge ses fondations cent mètres sous la croûte des rues. La course des objets phalliques continue. Et c'est lourd.

Bangkok cumule les phénomènes. Alors la capitale thaïlandaise boit souvent la tasse. Là-bas, on appelle ça le « Baiser des Trois Sœurs ». La première, c'est Chao Phraya, libérée par un lâcher de barrage au nord, le plus important fleuve du pays. La deuxième c'est la pluie torrentielle d'une mousson sur la ville, et la troisième, c'est la marée remontante. Pour peu que les phases de la lune ou une onde de tempête la démultiplient, le baiser devient mortel.

La population est passée de quatre à quatorze millions d'habitants depuis 1980. Sa mangrove a pratiquement disparu et la côte érodée a reculé de cinq kilomètres par endroits en moins de quarante ans. Le centre-ville, innervé par deux mille six cent trente kilomètres de voies navigables s'est affaissé de deux à trois mètres au cours du XXe siècle. La grosse mousson de 2011 a déversé seize milliards de mètres cubes d'eau dans les rues et noyé treize pour cent des terres agricoles du pays. Certains quartiers sont restés plusieurs semaines inondés, convoquant pollutions et épidémies.

Les conséquences se sont fait ressentir jusqu'en Europe et aux États-Unis où le prix des disques durs a doublé : la majorité de la production mondiale est thaïlandaise. Bienvenue à la mondialisation.

L'ampleur des menaces invite à revoir l'échelle des interventions et leur juste combinaison. Sans attendre la mise en place de solutions titanesques à l'échelle nationale ou transnationale, la ville déploie déjà quatre actions sur le champ de bataille de la mer. En bonne stratège, elle bloque, recule, grimpe et surnage.

La ville Bouclier repousse

Le premier réflexe est de bâtir des murs. Toutes sortes de murs, des digues, des brise-lames, des barrières anti-vagues et des portes hydrauliques.

Venise adapte en 2016 une esquisse de Léonard de Vinci, et calfeutre la lagune derrière les énormes portails de béton du projet Moïse. Le bouclier de cinq milliards et demi d'euros protège la ville-patrimoine pour cent ans, mais menacerait le fragile équilibre écologique de la lagune.

La Chine planifie sur sa côte sud une nouvelle muraille de milliers de kilomètres de digues en vue des extensions de la mégalopole de Canton. Certains parlent d'un désastre environnemental. En compensation, le gouvernement médiatise quelques réserves écologiques.

Tokyo édifie un réseau de digues et d'infrastructures gigantesques entre la baie et la ville. Chaque jour, l'ensemble des machines est contrôlé et testé avec la participation des Tokyoïtes dociles et entraînés. De Beyrouth à Buenos Aires, la digue fait loi.

Mais ce modèle incontesté est-il encore adapté au XXIe siècle ? Les Hollandais, qui l'ont inventé, le nuancent aujourd'hui et l'adaptent selon les situations.

Déclinant le Plan Delta, Dordrecht s'adapte. Selon les risques, certains pans de sa digue sont aujourd'hui jardinés par des privés : ses potagers et ses bosquets sont soumis à une attention quotidienne gratuite. Poreuse à la pluie, elle soulage la ville. À Rotterdam, la digue se fait centre commercial et parc urbain en balcon sur le port. L'entretien est divisé entre le public et le privé.

La ville Dune met de la distance

Une ville peut-elle reculer ? Elle peut en tout cas écarter sa façade des premières vagues. Elle déploie alors vers le large de nouvelles ruses : grèves sablonneuses, collines fertiles, dunes, milieux humides et même quelques forêts littorales de friction pour couper et ralentir les vagues d'exception.

Taichung, sur l'île de Taïwan, transforme un ancien polder agricole rongé par le sel en une vaste machine hydraulique. L'Aogu Park attire un nouveau tourisme écologique dans le comté de Chiayi et le rentabilise bien.

Près d'Arcachon, les marais salants de La Teste-de-Buch sont valorisés par un nouveau réseau de promenades et un discret travail de génie végétal. On construit autour, pas dessus. Le New Jersey innove à Meadowlands. Les équipes planchent sur un urbanisme-tampon transformant les marécages post-industriels en un atout pour la renaissance de la ville. C'est un quartier ultraconnecté qui va profiter de la topographie du système de parcs et de réserves ornithologiques urbaines pour briser l'onde de tempête. À Staten Island, la côte s'arme d'écosystèmes structurels. Les Living Breakwaters écoutent les courants marins et offrent un habitat écologique augmenté et hybride. Les huîtres-architectes reviennent à New York !

Dunes, terrasses absorbantes, forêts humides, récifs artificiels multiplient les aménités, les supports pédagogiques et les laboratoires d'écologie urbaine marine. Voilà un nouveau milieu pour une nouvelle discipline. Raritan Bay devient le premier site pilote new-yorkais. Étirant la réflexion à l'échelle de BosWash, la première mégapole mondiale, j'ai imaginé Atlantic Coastal Park, un archipel artificiel de mille deux cents kilomètres au large de la côte Est. Fabriqué avec les déblais des infrastructures fédérales, les courants océaniques et les dynamiques de sédimentation, cet archipel hybride déploie un système de parcs nourriciers entre Boston et Washington. Une manière de réinventer ce que Central Park a été pour New York au XIXe siècle. Les Hollandais et les Américains travaillent aujourd'hui sur un système similaire au large du delta du Mississippi pour protéger La Nouvelle-Orléans et la Louisiane.

La ville Échassier prend de la hauteur

Quand la mer monte, la ville peut grimper plus haut encore. Les villages traditionnels de pêcheurs sur pilotis l'expérimentent depuis des générations, de Cotonou à Manabí en Équateur.

Comment penser la ville quand le niveau de la mer fluctue et libère les pieds de cette cité haute en dehors des marées et des inondations ? Faut-il doubler les moyens d'accès et innerver le tissu de lourdes infrastructures suspendues, ou limiter aux circulations douces un réseau aérien réservé aux plus agiles ? Comment va vivre la ville basse sous ces nœuds gordiens ponctués de plates-formes d'ombres ? Et pour protéger les réseaux d'approvisionnement, d'énergie et d'assainissement des inondations, quelles acrobaties l'architecture doit-elle inventer pour inverser le schéma habituel ? Enfin, si la ville grimpe, que deviennent les socles abandonnés aux inondations ? Qui va y (sur)vivre ?

Hunts Point, le plus grand centre de distribution alimentaire de New York, est menacé par la mer. C'est un pôle économique majeur qui représente vingt-cinq mille emplois et alimente vingt-deux millions de personnes. Pour continuer l'approvisionnement malgré les tempêtes et les inondations, Hunts Point combine les stratégies et mutualise les efforts. De nouveaux paysages publics viennent augmenter la côte, dont quelques grandes infrastructures de jetées sur pilotis qui permettent en cas de crise de servir de parcours alternatifs pour la distribution alimentaire. Le parc profite du financement des aménagements pour répondre au désir de nature des citadins.

La ville Radeau navigue

La ville peut enfin flotter sur l'eau. À IJburg aux Pays-Bas, on déroule des rues-jetées et des parcelles-bateaux attachées à quai sur de massives amarres. Les maisons, construites dans un chantier naval, montent et descendent selon les marées.

Almere planifie pour 2030 une extension ambitieuse : soixante mille habitations et cent mille emplois. Associée à la Randstad Holland (Utrecht, Amsterdam, La Haye et Rotterdam), Almere continue sa conquête sur les polders agricoles brûlés par le sel.

Le combat à terre ne vient que de commencer. Pour les plus peureux (et les plus fortunés), il reste des projets d'arches de Noé autonomes, dérivant sur l'océan.

Les folles journées de Nantes

Nantes Saint-Nazaire Métropole (France)

Il était une fois la fermeture des chantiers navals de Nantes.

Imaginez en 1989, au cœur de la ville de Jules Verne, une île fantôme de trois cent cinquante hectares de friches industrielles. Et tout autour des quartiers en pleine dépression collective. L'image de la ville bat de l'aile. Nantes a perdu ses bateaux, et en même temps ses rêves de liberté de marins-voyageurs. Jean-Marc Ayrault, le maire, paniqué, invite les artistes.

« La culture libère une collectivité comme elle libère un individu. Elle est une opportunité, un dépassement de soi, de ses inquiétudes, de ses a priori. »

Jean Blaise entre dans l'arène. Il a l'esprit innovant, stimulant, créatif et sait gérer. Il est directeur artistique. Il deviendra le grand patron du tourisme de la métropole.

En 1990, il crée le festival des Allumées. Pendant six ans, il invite des artistes de six villes (Barcelone, Saint-Pétersbourg, Buenos Aires, Naples, Le Caire et La Havane) à se produire pendant six nuits (de six heures du soir à six heures du matin) dans des lieux éclatés, hétéroclites et inédits, comme le fabuleux hangar à bananes.

Les Allumées permettent de découvrir Nantes autrement. Elles préparent ainsi le terrain aux opérations d'aménagements qui suivront. L'île de Nantes est un cas d'école de planification paysagère qui s'étire sur trois générations de paysagistes : Alexandre Chemetoff, Jacqueline Osty et Bas Smets. Mais les Allumées réintroduisent aussi l'art contemporain dans l'espace public, et le rendent ainsi accessible à tous, sans préjugés ni élitisme. L'enthousiasme est contagieux : en quelques années, les initiatives se multiplient sur le territoire de la métropole et participent à la construction d'une identité collective culturelle, sociale et politique du territoire. Monte et se nourrit un sentiment d'appartenance. La perception collective du territoire s'en trouve bouleversée.

L'embouchure de la Loire stimule Nantes et Saint-Nazaire. Écoutez tous ces noms : la Folle Journée, les Utopiales, le Festival des 3 Continents, les Rencontres du Fleuve, l'Escale Atlantique, la Nuit de l'Erdre, l'Estuarium, le Quartier de la création à Nantes et bien sûr les Machines de l'île. L'éléphant mécanique géant de François Delarozière et Pierre Orefice est merveilleux.

Il était une fois une métropole à cheval sur la Loire et l'Atlantique qui se cherchait une identité partagée.

Pas de Guggenheim à Nantes, ni de tour Eiffel à Saint-Nazaire, pas de Roi-Soleil ni d'arène romaine.

Jean Blaise remonte sur scène. Il propose une biennale d'art contemporain qui permettrait de révéler le trésor commun à tous les habitants de la nouvelle métropole : l'estuaire long de cinquante kilomètres. Le fleuve reste jusqu'alors confidentiel : la quatre voies qui remonte vers l'océan met à distance. Rien n'invite à voir le spectacle fondateur du territoire, celui de la mer qui pénètre les terres. La Biennale profite de la volonté politique de fonder la jeune métropole. Elle connaît trois saisons avec des fonds privés et publics : collectivités territoriales, subventions publiques et emprunt. Les deux premières éditions coûtent neuf millions d'euros mais les retombées économiques sont appréciables. La métropole annonce quatre millions et demi d'euros pour sa première édition et plus de cent soixante-quinze mille visiteurs, dont un tiers est extérieur à la région.

La Biennale mise sur le temps long. Au terme de sa dernière session, l'estuaire s'est enrichi de vingt-quatre œuvres pérennes qui composent une collection à ciel ouvert. Ce « monument dispersé » attire des touristes et participe à la construction d'une identité, d'un symbole de référence pour la métropole. Chaque œuvre est une balise, un repère qui crée chez les habitants le sentiment de partager une identité territoriale originale. Les créations sont pensées à partir des spécificités du lieu et de l'histoire des paysages. L'équipe de la Biennale accompagne les artistes reconnus pour magnifier l'estuaire. Ils rencontrent les agriculteurs, les chasseurs, les pêcheurs, la Ligue pour la protection des oiseaux, les maires et les architectes des bâtiments de France. Le dialogue instauré permet d'éviter le rejet des œuvres sous le prétexte trop facile d'un art réservé aux initiés. Au Pellerin, Erwin Wurm installe un bateau mou qui saute au-dessus de l'écluse du canal de la Martinière pour rejoindre le large. On y vient maintenant de loin. À Cordemais, c'est une petite maison perchée à quinze mètres au-dessus d'un phare industriel qui regarde l'estuaire. Il est aussi des observatoires qui s'effacent devant les dynamiques naturelles. Celui du Japonais Kawamata à Lavau-sur-Loire serpente entre les joncs et les roseaux. Celui de Gilles Clément est posé sur le toit de la base sous-marine de Saint-Nazaire. Il contemple le voyage des plantes vagabondes du Tiers-Paysage : bords de routes, friches et autres réservoirs de biodiversité en puissance. L'Estuaire, dans toutes ses dimensions vivantes, devient motif fédérateur et identitaire.

Une telle ambition réclame de la cohérence, du temps et de la continuité. Quand un maire s'en va (pour devenir Premier ministre), la relève est prête. Johanna Rolland ne s'est pas contentée de poursuivre l'élan.

Il était une fois une compétition entre les métropoles pour inventer la marque la plus attractive possible.

Certaines choisissent le luxe, l'élégance à la française, l'histoire médiévale ou la technologie de l'image. Mais elles s'enferment souvent dans un carcan duquel il est ensuite difficile de sortir. Nantes souffrait d'un déficit d'image. Elle rayonne par ses initiatives culturelles originales, mais dans la course féroce entre métropoles, se distinguer ne suffit plus. Il faut se rendre immédiatement reconnaissable au plus grand nombre et s'affirmer en tant que destination. L'attractivité est un facteur de croissance et de création d'activité. Nantes Métropole vise l'entrée dans le top cinq des destinations françaises. On appelle une dernière fois Jean Blaise. Sa mission s'élargit à l'urbain et à l'économie. Il invente « Le Voyage à Nantes ».

Nantes n'est pas définie par une marque, qui tenterait de faire la synthèse impossible des qualités de la cité, mais tout simplement comme lieu d'arrivée et comme porte ouverte sur le monde. Concrètement, la métropole crée une société publique locale qui veille à une offre permanente et cohérente d'activités culturelles, rend évidente son attractivité et qui affine sa position dans la compétition entre les métropoles. La société anonyme possède un capital d'un million d'euros, exclusivement détenu par des collectivités locales : Nantes Métropole, les villes de Nantes et Saint-Nazaire, le département Loire-Atlantique, la région des Pays de la Loire et bientôt quelques nouvelles communautés de communes. Le Voyage à Nantes entretient et anime l'héritage de la Biennale Estuaire, travaille étroitement avec les écoles d'art, d'architecture, les associations de quartier et les acteurs clés de la métropole.

En 2014 le budget du Voyage à Nantes frisait les vingt-trois millions d'euros. Cette année, il aurait déjà rapporté plus de cinquante-cinq millions à la métropole, sans compter les voyageurs d'un jour.

Les bords de l'eau

Rochetaillée-sur-Saône – Metz – Velenje – Moscou – Jinhua – Paris – Berlin – Rouen et Petit-Quevilly – Madrid – New York

La ville séduit au bord de l'eau. Elle ouvre ses plages, ses quais promenades, ses ripisylves et ses piscines naturelles aux citadins sous le charme. Elle facilite une autre mobilité, une autre économie et une autre écologie. Elle façonne son identité autour d'acteurs géographiques fédérateurs : leurs cours d'eau.

Partout, les villes cherchent à retrouver le chemin de l'eau, à libérer leur fleuve, à réinscrire leur rivière dans l'histoire. Ils redeviennent le lieu privilégié des promenades, des flâneries et du partage. La guinguette succède au port industriel, les jardins linéaires et les bains publics chassent les voies sur berge. Les autoroutes urbaines de la ville moderne, déroulées le long des fleuves, mutent en boulevards plantés quand elles ne plongent pas carrément sous terre pour libérer la place nécessaire au collier de parcs de rives. Historiquement, la plupart des villes s'installent le long d'un cours d'eau pour d'évidentes raisons économiques. Ainsi Bruxelles, Gand, Rouen, Nantes, Rome, Florence ou Lisbonne.

Après avoir exploité les bénéfices d'une infrastructure de mobilité rapide, la ville Fleuve y voit aujourd'hui de nouveaux facteurs d'attraction : les mobilités douces (et son cortège d'effets secondaires), une infrastructure écologique et résiliente, un levier de développement économique et, enfin, un outil identitaire rassembleur.

Elle aménage alors ses rives. Ses berges sont libérées, adoucies, remodelées et connectées au tissu urbain de proximité. Son cours lui-même est souvent l'occasion d'une nouvelle géométrie. Il se brise, ondule davantage, voire s'allonge en boucles secondaires et en nouveaux rivages d'archipel inventé. Plus de linéaire signifie plus d'opportunités économiques. Le lit de la rivière se tortille ou se fragmente pour multiplier les obstacles, ralentir son débit, et limiter ses crues.

La rivière renaturée

Fini les carcans de béton. La tendance est de retrouver le cours naturel des rivières métropolitaines. Entrelacs, courbes et îles sédimentaires ouvrent une parenthèse à ciel ouvert dans le tissu urbain. Le cours d'eau busé, contraint ou enterré sort et réenchante la ville.

Dans le cœur de Metz coule la Seille, un affluent de la Moselle. Libérée des digues construites en 1905 pour implanter des entrepôts ferroviaires, la rivière retrouve un cours naturel, un bras supplémentaire, une île et des berges collinaires plantées de ripisylves et de cordons forestiers. Le bilan est positif : vingt hectares gagnés, deux mille arbres plantés et une faune déjà conquise. Respirez aussi le long de l'Aire à Genève, et bientôt de la Bièvre à Jouy-en-Josas. J'y travaille avec son maire convaincu, Jacques Bellier.

Les quais de scène

Dans le cœur historique de Paris, de Rome ou de Toulouse, les quais protègent la cité des caprices du fleuve. Les beaux murs de pierre présentent un fruit qui souligne le thalweg gravé dans le socle urbain. Les promenades au fil de l'eau en période sèche définissent les quais bas. Au printemps, le quai haut sert de balcon-canopée. Aujourd'hui la stratification se démultiplie, et les quais deviennent les gradins du théâtre de la rivière, avec en fond de scène l'horizon de la ville.

En Slovénie, la cité-jardin de Velenje renaît. Elle parie sur la Paka, une rivière torrentielle jusqu'ici peu valorisée. Elle sculpte ses berges dans un béton monolithique blanc soyeux, et déplie d'immenses marches adoucies vers le lit rocheux. Ce glacier artificiel met en scène l'eau cristalline et tumultueuse de la fonte des neiges au centre-ville. Asseyez-vous à Lyon sur les gradins des berges du Rhône, ou à Strasbourg sur les bords du Parc des Deux Rives pour regarder couler le Rhin le long de l'Allemagne voisine.

Le paysage en lanières

Au milieu coule une rivière. Et de part et d'autre s'alignent les jardins, les chemins de halage, les rails ludiques et les galeries d'art à ciel ouvert. Le paysage linéaire des berges aime être souligné, démultiplié comme les ridules propagées sur la surface de l'eau. Les lignes dansent, se répondent et s'épaississent selon les usages et les milieux vivants.

La Moskova réinvente Moscou. Les friches industrielles, les nappes étanches et les décharges sont reconquises, le sol dépollué, et les matériaux issus de la déconstruction recyclés. Les quais forment aujourd'hui un paysage en lanières dans lequel se glisse l'une des plus longues galeries d'art extérieure. En hiver, lorsque la Moskova est gelée, la ville étend ses berges avec un nouveau ruban posé directement sur la glace. Meudon et Sèvres étirent leurs jardins linéaires sur la Seine. Noisy-le-Grand et Reims feuillettent les bords de Marne.

La promenade suspendue

Quel vertige de traverser un paysage fertile sur une passerelle suspendue. Au bord d'une rivière, la promenade-révérence flirte avec le vide et les courants. Elle se love, s'infiltre et exalte, par contraste, la générosité et la force du milieu naturel vivant sur lequel elle se greffe.

À la confluence des rivières Wuyi et Yiwu, la ville de Jinhua vient d'installer une ingénieuse promenade suspendue qui ondule et se soulève comme un dragon légendaire. Elle relie les deux bords de la cité au-dessus d'une réserve ornithologique submersible, le parc Yonweizhou. Chaque jour, quarante mille promeneurs croisent les spatules sans les déranger dans leurs amours. Les pattes de la passerelle plongent dans la vase et participent, par l'accélération des processus de sédimentation, à la construction de nouvelles îles refuges. Promenez-vous aussi sur les planches aériennes d'Auckland ou d'Angoulême.

Les bains publics

Avec le retour à la rivière, la ville souhaite aussi pouvoir s'y baigner. Et de préférence pas dans une baignoire immergée ou une piscine en balcon, mais directement, dans le courant d'eaux vives dépolluées. Stockholm a réussi ce pari depuis des années, Zürich aussi. Copenhague, Londres et Paris testent les premiers prototypes de piscines naturelles, filtrées par des plantes au pied de Big Ben, ou dans le bassin de l'Ourcq. À Berlin, on nagera bientôt dans la Spree, interdite depuis 1925 à cause de sa pollution. Flussbad, située dans un bras canalisé de la rivière, sera un bassin de sept cent cinquante mètres de long, aboutissant sur l'île aux musées, en plein centre-ville. Imaginez la berge hybride des roselières filtrantes, les hautes herbes des lagunages et les plates-formes de pierre pour plonger, sécher et paresser. Le projet, porté par un collectif citoyen, est cofinancé par l'État fédéral (2,6 millions d'euros) et la ville-État de Berlin (1,3 million d'euros). En hiver, les bains deviendront la plus grande patinoire urbaine du monde.

La berge sur dalle

Certains fleuves urbains, dès qu'ils sortent du cœur historique, sont bordés d'autoroutes et de rues secondaires. Dans les creux entre ces rubans continus, la ville s'est enfrichée ou étalée en parkings imperméables et en dépôts sauvages. Au-delà, les quartiers attristés tournent le dos au cours d'eau inaccessible et pollué. Pour retrouver le contact de l'eau, il faut alors bâtir au-dessus des voies rapides une couverture de berges artificielles piétonnes. Ces paysages sur dalle sont de véritables infrastructures. La terre végétale ne manque pas, on y voit même pousser des forêts linéaires. Ils forment la colonne vertébrale des nouveaux quartiers en reconquête et les précèdent. Désormais, Madrid peut accéder à la rivière Manzanares. Le projet est titanesque, il a fallu creuser quarante-trois kilomètres de tunnels pour enfouir les voies rapides et les parkings. La berge sur dalle gomme six kilomètres de routes le long de l'eau. Elle articule une pinède de huit mille arbres, des salons ombragés, des collines à toboggans géants, des pistes cyclables et des jardins parfumés. Éprouvez la même prouesse le long du Maine à Angers ou à Buffalo au Texas.

Le paysage climatiseur

Les villes forment des microclimats. Elles piègent la chaleur. Placer un parc arboré le long d'une rivière urbaine permet de rafraîchir son atmosphère.

La terre perméable respire, la couverture végétale hydrate, par évapotranspiration, et la fraîcheur cueillie est soufflée au-dessus de l'eau par le vent. Les Américains adorent ces nouveaux climatiseurs. Ils sont souvent très arborés, alternant forêts urbaines et clairières perméables vallonnées pour creuser des zones fraîches à l'abri des vents. Leurs surfaces étanches sont réduites au minimum, généralement très claires pour renvoyer le rayonnement solaire et éviter d'emmagasiner la chaleur. Le long de l'East River à New York, on en compte déjà une bonne dizaine. De quoi nous permettre de prendre le frais sur les nouveaux parcs de Governor's Island, du Brooklyn Bridge Greenway, au bout du Pier 2 ou sur la pointe du mémorial Roosevelt Four Freedoms.

La ville Fleuve combine ces paysages selon les opportunités du site. Comme le monteur d'un film, elle assemble les séquences et donne du sens et du rythme au récit. Lyon parle de Road River le long de la Saône, hommage au *road movie*.

Le montage est un art délicat et invisible. Il ne s'agit en aucun cas d'un simple collage. La berge raconte l'identité de la ville.

Au travail, les joncs

Shanghai (Chine) – Riyad (Arabie saoudite)

Une roselière est un milieu écologique extraordinaire, une zone humide où les roseaux et les joncs sont rois. Dans la Nature, elle joue deux rôles : elle accueille la vie et épure les eaux.

Regardez les étendues de roseaux qui bordent la ville d'Otaniemi en Finlande. Son urbanisme s'est toujours tenu à une distance respectueuse de ces paysages de hautes herbes. En retour, ils l'ont protégée des crues et lui ont fourni une richesse de biodiversité et une qualité d'eau qui permet aux citadins de se baigner en toute quiétude. D'autres villes découvrent cette stratégie. Elles créent alors des marais artificiels. La renaturation et la phyto-épuration sont à la mode. C'est ainsi que les experts nomment ces milieux hybrides où le génie végétal travaille avec intelligence. Pourquoi se priver d'un assainissement si peu coûteux offrant aux urbains leur parenthèse de bien-être verdoyante ? Ces ourlets filtrants accompagnent les berges de la Limmat à Zürich (chemin des Rives) et de la rivière Saigon à Hô-Chi-Minh-Ville (éco-cité de Thu Thiem). Les massettes et les joncs se déploient en cascades de bassins à Saragosse (parc de l'Eau) et à Nanterre (parc du Chemin de l'Île). À Lille, ils sont légion. Ils métamorphosent d'anciens parkings imperméables (parc des Géants) et des friches industrielles contaminées (éco-quartier des rives de la Haute-Deûle). En lignes fines ou en microthalwegs foisonnants, ils irriguent de nouvelles extensions urbaines (Eurotechnologie et marais de Lomme). À plus vaste échelle, ils garantissent le bon état sanitaire des champs captants de la métropole (grand parc de la Deûle). Les Lillois boivent avec fierté Iléo, l'eau de la MEL, entendez Métropole européenne de Lille.

Bienvenue au parc Houtan : une formidable machine à dépolluer les eaux du fleuve Huangpu qui partage *Shanghai* en deux (Puxi et Pudong). Ses eaux grises aux reflets verts charrient des boues contaminées, des déchets, des pathogènes et des polluants lourds jusqu'au delta du fleuve Bleu, le Yangzi Jiang.

Ce parc s'étire sur près de deux kilomètres sur seulement cinq à six mètres de largeur. Il protège le site contre les crues d'exception et diminue les phénomènes d'érosion des berges. Il abrite une biodiversité inédite au cœur de Shanghai : quatre-vingt-treize espèces végétales et plus de deux cents sortes d'animaux. Il fixe jusqu'à deux cent quarante-deux tonnes de carbone dans le bois de ses six cents arbres, dont certains, comme le métaséquoia ou le camphrier, sont de formidables réservoirs.

Pour sa création, le parc a recyclé plus de trente-sept tonnes de métal et trente-quatre mille briques issues de la friche industrielle sur laquelle il pousse en 2010. Il a assaini durablement le sol de ce bout de territoire contaminé. À travers un jeu de terrasses plantées et de cascades par gravitation, c'est chaque jour plus de trois mille mètres cubes d'eau qui passent d'un stade V (impropre au contact humain) à un stade II (utilisable pour irriguer les paysages). Ceci sous la seule action conjuguée de processus biologiques naturels.

L'opportunité évidente de prolonger cette stratégie n'a pas échappé au premier émetteur mondial de gaz à effet de serre. Sept ans après la fermeture de l'Exposition, le site qui l'avait accueilli est devenu l'un des trois objectifs urbains de Shanghai. Amis investisseurs, il s'agit d'un terrain de sept kilomètres carrés, en plein centre-ville. Un schéma directeur a réparti les lieux : musées et cultures sur les anciens chantiers navals de Jianguan, deux éco-quartiers, un centre d'affaires et l'extension du parc filtrant de Houtan. Espérons qu'il fédère l'urbanisme tout entier de cette ville Roselière.

Quittons la mer de Chine orientale pour rejoindre l'un des plus chauds déserts du monde.

Au plus fort du mois d'août, la température peut monter jusqu'à soixante degrés sur les boulevards de *Riyad*, la capitale de l'Arabie saoudite. Près de six millions d'habitants consomment ici chaque jour 1,8 million de mètres cubes d'eau. Une grande partie est pompée à quatre cent soixante kilomètres de là, dans le golfe Persique, puis dessalée dans l'une des pharaoniques usines de traitement high-tech. La dernière en date, entièrement solaire, alimente la ville d'Ras al-Khafji dans le nord-est du pays. Si elles pourvoient pour l'instant aux besoins des foyers de Riyad, les habitants n'y ont qu'un accès très limité (quatre heures par jour) et les fuites clandestines sur le réseau dépassent les cinquante pour cent.

Plus d'un quart des habitants ne sont pas encore reliés au réseau d'assainissement et continuent de polluer les sols et les rares oasis du plateau de Najd. La population ne cesse d'augmenter.

Aux portes de la plus grande étendue de sable au monde (2,5 millions de kilomètres carrés), chaque goutte d'eau compte. Le premier producteur de pétrole mondial fait de la gestion économe de l'eau son objectif majeur pour les années à venir. Les villes nouvelles y seront intelligentes, dit-on.

En attendant, cinq barrages et une centaine de puits créent autant de réservoirs temporaires pour garder le trop-plein des rares précipitations annuelles.

La vallée de Hanifa est un phénomène géographique unique, déroulant cent vingt kilomètres de terres aquifères fertiles depuis les massifs montagneux d'Arabie jusqu'au désert. L'improbable banlieue industrielle de la capitale colonise et fragilise ses berges depuis les années 1970. Miné par les entreprises de construction, des exploitations agressives et une agriculture polluante, Wadi Hanifa devient en quelques années une décharge publique à ciel ouvert. Avec l'imperméabilisation croissante du plateau et les pluies plus fortes à défaut d'être plus longues, la rivière charrie bientôt déchets, rebuts d'égouts et polluants jusque dans les banlieues résidentielles. L'Autorité pour le développement de Riyad lance en 2001 un ambitieux programme de restauration et de transformation de la vallée.

Les architectes canadiens Moriyama & Teshima chargés de l'opération désobéissent au cahier des charges horticole prisé dans les grands hôtels de la capitale. Ils utilisent une flore endémique, moins chère et mieux adaptée aux particularités du bassin géographique. L'oued est nettoyé : 1,5 million de mètres cubes de débris, de carcasses de voitures et d'animaux morts sont évacués. Les graines et les boutures sont collectées dans les parties moins endommagées de la vallée, puis mises en culture dans des serres.

La flore sélectionnée joue trois rôles complémentaires :

— fertiliser les rives et les reverdir ;

— retenir les sédiments grâce à leurs rhizomes pour limiter les crues saisonnières violentes du cours d'eau ;

— confirmer la discrète scénographie du parc. Les espaces de pause s'y lovent naturellement, loin des standards formels de la mondialisation.

Dans la section urbaine du parc, le projet métamorphose le système d'assainissement de la ville et accueille les eaux grises des nouveaux quartiers voisins. Le dispositif étire un long canal de roches où l'eau s'oxygène en cascadant. Les biotopes humides qui la recueillent ensuite sont mis en réseau et dessinent trois étangs successifs d'un bon kilomètre. Cet ensemble contient une centaine de cellules qui retiennent et traitent naturellement les eaux usées durant une journée. Elles sont toutes tapissées d'une couche d'algues et de micro-organismes gourmands dont l'activité épure les eaux grises. D'un coût très faible, ce système unique en son genre attire aujourd'hui l'attention d'autres pays de la région. La rivière qui coule aujourd'hui dans la vallée de Hanifa est suffisamment claire pour irriguer les terres. On vient même y pêcher.

Le nouveau jouet bioremédiateur séduit le Bahreïn, le Qatar, Oman et les Émirats arabes unis.

Dans une ville comme Riyad, où les loisirs sont réduits aux centres commerciaux (le pays ne possède en effet aucun lieu de divertissement public, ni cinéma ni théâtre), la promenade de Wadi Hanifa connaît une popularité croissante.

Conséquence collatérale inattendue, on y voit même des femmes se dévoiler, preuve peut-être que l'écosystème réinventé ne profite pas qu'aux oiseaux.

Opération Sponge Cities

Copenhague (Danemark)

Avec le changement climatique et des territoires toujours plus imperméables, la pluie devient un acteur avec qui la ville doit composer. L'ignorer, c'est s'exposer aux crues, aux inondations et à la paralysie économique. La note peut être salée. Combien de villes chaque année glissent sous la boue ? Combien de voitures, de maisons et d'équipements sont emportés en quelques instants par les torrents urbains de Caracas à La Ciotat ? Avec le réchauffement global, la ville se doit d'apprendre la résilience en considérant la pluie comme une alliée, un levier de projet urbain. Désormais elle invite au cœur du béton de nouveaux paysages humides.

La Chine vient de débloquer un plan triennal de plus d'un milliard quatre cents millions d'euros annuels pour encourager les projets innovants de ses Sponge Cities. À Shenzhen, dans le delta de la rivière des Perles, l'extension du quartier de Bao-an en balcon sur la mer de Chine projette un territoire de ripisylves et de deltas entrelacés. Les éponges doivent aussi filtrer et purifier la pluie : Shenzhen est très polluée. Le gouvernement veut capturer et nettoyer soixante-quinze pour cent des pluies captées par ses villes. Son plan est marshall et sa mise en œuvre implacable. Singapour est en avance avec les mêmes objectifs. La Cité État tisse ses réseaux de parc Éponge à travers son territoire avec fierté et intelligence. C'est le Bishan Park, parc historique de soixante-deux hectares qui ouvre la danse en 2009. Il augmente la capacité d'absorption des pluies du quartier de quarante pour cent. Le « petit » dernier est le Corridor Rail. Il traverse l'île de part en part sur une quarantaine de kilomètres.

La ville Éponge gagne aussi l'Europe et les États-Unis. À Bussy-Saint-Georges, près de Marne-la-Vallée, la pluie réinvente un morceau de campagne poétique : prairies humides, rigoles, retenues et courbes douces inondables. Le système de récolte et de contrôle des eaux est pensé en amont, dès la conception des espaces publics et privés des nouveaux quartiers. À Oslo, le climat continental humide est tempéré par l'océan Atlantique et le Gulf Stream. Il y pleut vraiment beaucoup. Le Grorudparken déroule d'élégantes figures paysagères, et reconquiert les berges de la rivière Alna que l'on avait oubliée sous l'asphalte. Les cent vingt mille mètres carrés de paysages insérés dans la maille du tissu urbain cueillent, nettoient, oxygènent et nourrissent une flore adaptée. À Columbus, dans l'Ohio, le campus de l'université (cinquante pour cent de la population de la ville) se retourne enfin vers ses berges humides et y déploie de nouveaux paysages.

Dans le sud de la France, là où la pluie tombe en furie lors des courts orages d'été, la ville Éponge parie sur la réversibilité et le mutualisme. À Nîmes, les plages d'herbe du nouveau quartier Hoche Université servent soit de lit géant aux étudiants, soit de lacs miroirs en août après les tornades.

La plupart des grandes opérations immobilières créent aujourd'hui leurs espaces publics sans jamais oublier leurs capacités d'absorption, souvent fédérées autour d'une grande machine hydraulique. À Boulogne-Billancourt, sur les ruines du quartier des usines Citroën, les sept hectares du jardin du Trapèze s'inondent ainsi régulièrement selon les intempéries. Plus la pluie tombe, plus surgissent des îles et des marais dans le jardin. Même la Seine y est invitée à l'occasion. La crue devient un spectacle apaisant. Les balcons de béton blanc du parc sont suspendus au-dessus d'un paysage de vallons et d'archipel fleuri. Le parc gère les eaux de ruissellement du nouveau quartier. Même stratégie dans le parc des Docks à Saint-Ouen.

La ville Éponge aère ses sols. La pluie conduit à repenser les rues, les squares, les parcs mais aussi les nappes de stationnement. Ainsi par exemple, au sud-ouest de Rennes, à Saint-Jacques-de-la-Lande, le quartier de la Morinais aboutit sur un centre commercial. Mais ici, le glacis d'asphalte de son parking géant disparaît au profit d'un jardin tendu de cordons fertiles. Le parking pharaonique du Zénith à Strasbourg accueille trois mille voitures. Une fois le concert terminé, le plateau automobile révèle un damier enherbé coupé de haies bocagères et de bassins à graminées. On y entend chanter d'autres oiseaux. Rappelons que l'Alsace est le deuxième site français d'hivernage après la Camargue : toutes les places sont bonnes à prendre dans la vallée du Rhin.

Rendez-vous à *Copenhague.* Ici il pleut deux cent vingt jours par an.

La métropole est à cheval sur deux îles : Amager et Seeland. Le royaume lui-même est entouré des eaux de la Baltique et de la mer du Nord. C'est une terre de marins et de conquérants. Très tôt, la ville a redessiné ses rivages, creusé des darses, étendu ses rives utiles et gravé dans le socle tendre des canaux et des rues liquides. Copenhague connaît la force de l'eau et des courants dynamiques.

Transformé en champ éolien, le détroit de l'Oresund est aujourd'hui partagé entre Danois et Suédois. La construction au large d'un port industriel commun libère d'immenses territoires de reconquêtes. Copenhague applaudit : la pression démographique y est intense.

Mais si la population augmente, ses besoins en eau aussi. Et sur une île, les ressources sont limitées.

Le Danemark souhaite conserver son autonomie en matière d'approvisionnement. Jusqu'ici, le royaume a toujours décliné les aqueducs et les tunnels titanesques que proposent ses voisins suédois. À la fin du XXe siècle, la surconsommation, la pollution des eaux souterraines par une agriculture intensive et les industries chimiques entraînent une grave crise. Les sources sont taries ou contaminées. De nombreuses coopératives locales ferment leurs portes. Les contrats et les concessions arrivent à échéance. Ce sont désormais les grandes villes qui assument la gestion coordonnée des ressources.

Et en 2009, lors du sommet qui suit les accords de Kyōto, la ville porte volontairement l'eau comme ressource clé au cœur des débats.

L'Autorité mondiale de l'eau naît dans la capitale sous l'égide des Nations unies. Voilà une belle promesse d'outil autonome d'action et de coopération internationales.

Quelques mois plus tard, Copenhague subit deux crues centennales et une pluie inoubliable. La facture s'élève à plus de soixante-dix millions d'euros. Les experts mandatés par la municipalité exigent la construction de quarante-six kilomètres carrés de réservoirs pour absorber les prochaines intempéries et sauver les rues du déluge.

Comment faire entrer ces bassins dans le tissu constitué d'une ville historique européenne de quatre-vingt-huit kilomètres carrés ?

La ville réinvente ses espaces publics. La rue devient thalweg, le parc éponge et la place piscine ou patinoire.

Désormais la pluie devient l'affaire de tous.

Pour exemple, le petit triangle d'herbes piétinées par les chiens du quartier de Tåsinge Plads devient en trois mois un jardin fertile, nourri par la pluie et l'engagement de mille habitants. L'enthousiasme est général. On y pompe même l'eau d'arrosage des potagers en sautant gaiement sur le dos d'immenses bouillottes gorgées de pluie.

Copenhague compte aujourd'hui plus d'une centaine de projets éponges et la plupart fonctionnent en réseaux cohérents.

Promenez-vous dans l'Enghaveparken. Depuis les années 1920, ce grand jardin public déploie une composition néoclassique de trente-cinq mille mètres carrés au cœur du quartier ouvrier de Vesterbro. La plus belle fille de l'été y est choisie chaque année lors d'un concours mémorable.

Le parc perd sa centralité à la fin du XXe siècle, lorsque la ville reverdit les cœurs d'îlots, et transforme les vastes cours ouvrières en jardins communautaires. La gentrification est rapide. Hipsters et fermiers urbains vivent alors dans les blocs introvertis et se bercent à une douce illusion d'autonomie. On boude le jardin public. Sa déshérence est amorcée. Mais bientôt, Copenhague change d'utopie. Elle affirme la nécessité de creuser sous l'Enghaveparken un vaste réservoir pour la pluie.

Le projet réinvente la grille historique. De nouvelles entrées sont animées par des équipements de proximité. Venez lire dans son jardin-bibliothèque sous la canopée des arbres centenaires. Une centaine de jardins partagés bordent la rue. Ils sont dédiés aux cultures urbaines alternatives et aux légumes oubliés. Autour de la table, les langues se délient. Les amateurs gourmands échangent des recettes, des graines et amorcent une nouvelle vie de quartier.

Les axes classiques du parc sont doublés par d'élégantes gouttières émaillées sur lesquelles la pluie glisse vers les bassins de rétention et les jardins en creux. Pédiluves et jeux d'eau de surface remplacent les fontaines obsolètes et se remplissent au gré des intempéries. Mais la plus belle invention se situe dans l'angle bas du parc. L'assiette du terrain penche naturellement d'un mètre environ d'ouest en est. Le projet profite de l'inclinaison pour sculpter un ample parvis en forme de pelle. Ici on stocke jusqu'à quinze mille mètres cubes d'eau. Les digues invisibles sont déguisées en gradins desquels on assiste aux spectacles quotidiens : battle d'improvisation, cours de tango, cinéclub de quartier à la belle étoile. Et après une bonne saucée, on peut même y naviguer en kayak !

Au total, le parc, qui a conservé ses lignes historiques et ses arbres vénérables, retient jusqu'à vingt-quatre mille mètres cubes d'eau.

Copenhague parie aussi sur son linéaire de rues pour capter la précieuse pluie. Imaginez un instant de paver les rues du monde avec des briques éponges capables d'absorber l'eau de pluie, de la collecter, de la guider vers les jardins urbains ou vers de plus gros réservoirs. Et si, par le jeu complexe d'entrecroisements de tubes verticaux et horizontaux de ses entrailles, la brique pouvait retenir le sel des traitements de surface hivernaux pour soulager les nappes phréatiques infiltrées ?

Copenhague travaille sur ce prototype depuis 2014 avec des soutiens privés et des chercheurs issus du monde industriel, du paysage et de l'architecture. Chaque citoyen pourra lire en temps réel le niveau d'eau disponible, comme on lit aujourd'hui son rythme cardiaque sur sa montre. À Copenhague, chaque trottoir est un réservoir potentiel. Rêvez : New York compte vingt mille kilomètres carrés de trottoirs.

Les rues deviennent des jardins linéaires connectés, des rivières temporaires, des trottoirs roselière ou des niches écologiques à batraciens.

Pas de doute, Gene Kelly et Debbie Reynolds auraient adoré la ville Éponge.

La soif des éléphants

Jaipur (Inde)

D'après la Banque mondiale, la moitié de la population de la planète manquera d'eau en 2025. Loin de Copenhague, les guerres de l'eau ont commencé. Grondent les tensions géopolitiques autour de l'or bleu. L'Inde est l'un des pays les plus menacés. Son agriculture accapare quatre-vingt-dix pour cent de l'eau consommée. Un quart de sa population est touchée par la sécheresse et le rationnement est devenu la norme. À New Delhi, les robinets ne coulent que quelques heures par jour. Les études se rejoignent pour évoquer un épuisement des réserves du pays d'ici 2030.

Nous vous emmenons maintenant sur les coteaux friables de la chaîne des Aravalli. Jaipur cuit sous un soleil de plomb. Quand l'Inde a chaud, le Rajasthan brûle. Les trois quarts de l'État sont en déficit hydrique. Sur les photos satellites de la NASA, on peut voir clairement l'avancée du désert. Ici, tous les regards se tournent avec anxiété vers le sud. On attend la mousson. En deux semaines à peine, le Rajasthan doit faire le plein d'eau douce pour le reste de l'année.

Et ces derniers temps, la collecte est maigre. La nappe phréatique diminue chaque année de la hauteur d'un homme, les lacs sacrés s'évaporent et abandonnent les pèlerins hindouistes dans une boue puante. La sécheresse menace douze mille villages et quatre-vingts villes. Poussés par le manque d'eau et la famine, les agriculteurs (soixante pour cent de la population indienne) rejoignent les franges informelles des villes. Celles du Rajasthan sont les plus meurtrières : un enfant sur douze meurt avant son premier anniversaire.

Alors que l'État capitaliste parie sur les modèles de villes ultraconnectées comme Mahindra World City (cité fantôme au sud de Jaipur), la révolution de l'eau vient des campagnes et des petites villes. Prenons un peu de distance. C'est en 1985, dans le district d'Alwar que commence notre périple. Nous sommes à cinquante kilomètres au nord de Jaipur. Rajendra Singh, un bel homme à la peau bleutée, vient d'y être nommé fonctionnaire de santé. « À l'époque tout était sec. On ne voyait plus un brin d'herbe. Les terres étaient si érodées par la déforestation que pendant les moussons, l'eau ne parvenait pas à recharger les nappes phréatiques et les familles ne faisaient qu'un repas par jour, au mieux. »

Un ancien lui rappelle alors l'histoire des *johads*. Au XIIIe siècle, le Rajasthan vivait prospère grâce à un réseau de citernes, de puits et de canaux – les johads – recueillant la pluie et irriguant la terre. Les Britanniques les comblent lors de la colonisation, puis on oublie. Les femmes vont chercher l'eau toujours plus loin, parfois à trois heures aller et trois heures retour, des jarres sur la tête. Les fillettes doivent aider leur mère et quittent l'école. Lorsque le prochain puits est trop loin, les familles migrent vers la ville et atterrissent dans des bidonvilles tout aussi assoiffés. Rajendra Singh met trois ans à creuser sa première johad. L'État s'oppose au retour de ce système jugé dépassé et les villageois, fatalistes, le laissent piocher seul, dix heures par jour, la terre caillouteuse sous un soleil implacable.

Aux premières pluies, la preuve est faite. Son projet reçoit de l'aide. Un jeune ingénieur dessine un réseau de captage cohérent au pied des collines Aravalli et des canaux d'acheminement vers de bonnes terres d'infiltration. Une centaine de volontaires, hommes et femmes, creusent plus de cinquante citernes avec les savoir-faire et les moyens locaux. Aujourd'hui, onze mille barrages, canaux et bassins fournissent de l'eau à sept cent mille habitants dans un millier de villages. Trois moussons ont suffi pour que l'eau canalisée renfloue les nappes souterraines. Cinq rivières disparues depuis quarante ans, dont la légendaire Arvari, se sont remises à couler. Par ailleurs, l'agriculture locale s'est adaptée et consomme moins : cultures sobres et locales, pas d'engrais ni de pesticides asséchants. L'économie a changé, les fillettes ont repris le chemin de l'école, et l'exode rural ralentit.

En 2015, Rajendra reçoit le Stockholm Water Prize, le Nobel de l'eau. Les johads de Rajendra innovent aussi en matière de société : c'est une assemblée de village qui gère démocratiquement la ressource. Femmes, hommes, hautes et basses castes siègent à égalité. Un instituteur tient en toute transparence le registre des puits. Tout le monde est responsabilisé. L'eau est gratuite pour les familles.

Les fermiers qui irriguent paient au prorata de leur consommation, en roupies ou en heures de travail sur le réseau à entretenir. Les soixante-dix villages traversés par l'Aravari ont même créé un parlement local, le Jal Sansad, qui protège l'écosystème de la rivière.

Rajendra inspire. Amla Ruia est une femme d'action : elle a bâti déjà deux cents barrages de rétention des pluies pour alimenter une centaine de villages et deux cent mille personnes près d'Alwar. Laxman Singh est le chef des *guerriers de l'eau*, les *jal yodhas*. Ces citoyens organisés en groupes ont déjà planté un million d'arbres et régénéré trente mille hectares pour sortir quatre-vingt-dix villages de la pauvreté autour de Jaipur. Cette collecte des pluies gagne maintenant les villes indiennes. À Chennai, Akash Ganga installe gratuitement des réservoirs sur les toits. À New Delhi, le palais présidentiel, l'aéroport (terminal 3), l'université Jamia Hamdard et la prison Tihar cueillent la mousson à plus grande échelle. Las Vegas, Phoenix, Lagos et Gando au Burkina Faso entrent dans la danse. Puis Jaipur, enfin.

Hatagaon, littéralement le village des éléphants, surprend par sa simplicité, comme toutes les bonnes idées.

C'est une terre fertile, une île verdoyante au milieu des sables tourbillonnants. Une centaine d'éléphants y vivent avec les familles de leurs *mahouts* (les cornacs). Chaque jour, les éléphants emportent, d'un pas pesant mais assuré, les touristes émerveillés vers les murailles rosées de la forteresse d'un mystérieux maharaja astronome. Le tourisme est la première économie de Jaipur.

Un éléphant boit beaucoup, environ trois cents litres par jour. En un an, nos cent pachydermes à petites oreilles boivent plus de dix millions de litres d'eau. Et pour couronner le tout, voilà un animal qui a besoin de se baigner très souvent, n'ayant jamais pensé à transpirer puisque c'est inutile là où il est né, sous les feuillages des tropicales forêts indiennes. On va utiliser une carrière de sable oubliée le long d'une voie rapide. En creusant rigoles et thalwegs, Hatagaon connecte les baignoires artificielles en déshérence et s'invente un vaste réservoir avec toujours le même objectif : cueillir la mousson. La colline reverdit grâce au choix judicieux d'espèces végétales locales, adaptées au climat.

Les habitants de Jaipur s'impliquent dans le projet. Artisans et fournisseurs locaux de matières et de savoir-faire sont bientôt rejoints par les habitants qui participent à l'ensemencement du site. Les cornacs couchent délicatement l'animal pour définir la largeur utile de leurs chambres ainsi qu'une architecture du moindre impact sur un socle dédié au ruissellement des eaux rares. Les bâtiments sont groupés autour d'une cour pour favoriser la sociabilité et offrir un espace aussi généreux que peu coûteux. La conception est simple, bioclimatique dans son orientation et ses ouvertures brise-soleil. Le toit devient même l'assiette pour le déjeuner des éléphants, assurant une isolation bon marché. Hatagaon stocke dans ses johads improvisés vingt millions de litres d'eau à chaque mousson, bien plus que ce que peut boire son programme.

Merci les éléphants.

Rien de plus simple que la ville Alambic

Los Angeles (Californie, USA)

« L'eau ? Ça se fabrique. Don't worry ! »

Los Angeles est une mégalopole tentaculaire de dix-neuf millions d'individus, posée en équilibre sur une faille tectonique entre l'océan Pacifique et les déserts du Nevada. Le cinéma nous a souvent montré son immense étalement urbain. Les infrastructures impressionnent : un millier de kilomètres d'autoroutes urbaines, dont plusieurs seize voies et cent soixante millions de kilomètres de déplacements quotidiens. Située dans une cuvette, LA subit la pollution jaunâtre du *smog*, les vagues de chaleur, les incendies géants dus à la sécheresse et la diminution exponentielle des ressources en eau. À elle seule, la mégalopole boit onze pour cent de l'eau du pays. Ses nappes phréatiques sont au plus bas et menacent d'être contaminées par l'eau salée de l'océan.

Malgré une diminution de la consommation des Angelins de vingt pour cent ces dernières années suite aux mesures imposées par l'État de Californie, le citadin américain consomme toujours soixante fois plus d'eau qu'un Malgache et deux fois et demie plus qu'un Parisien (et oui, seulement). Mais les plus gourmands sont les exploitations agricoles. Elles représentent en Californie quatre-vingts pour cent de la consommation.

Central Valley, au nord de LA, est le verger de l'Amérique. Grand comme un cinquième de l'Allemagne, il produit soixante pour cent des fruits et des légumes du pays. La société Resnick, leader mondial des pistaches, des amandes et du Pom Wonderfull, y puise chaque année quatre cent cinquante millions de mètres cubes d'eau, plus que tous les foyers de LA réunis. Imperial Valley, au sud, est le paradis des élevages bovins en territoire semi-aride. Les vaches y disposent de brumisateurs pour s'hydrater. Imperial Valley siphonne en 2017 encore soixante-dix pour cent des ressources aquifères du Colorado.

Entre les amandiers et les cow-boys, le décor de séries télévisées de Los Angeles lui-même souffre de la chaleur et du manque d'eau. Les gazons verts en front de villas jaunissent. Pour ceux qui refusent de troquer l'herbe contre des cactus et des orpins, il reste la possibilité de faire appel à des *peintres de pelouse*, une profession en plein essor à Los Angeles. Jim Power est l'un d'eux : regard d'acier, coupe de cheveux façon US Marines et bombe allongée sur le dos.

« Ce n'est pas dangereux pour l'environnement de peindre l'herbe ?

— Au contraire ! Rien de meilleur pour la nature ! Nos colorants sont naturels et cette technique vous permet de réduire l'arrosage de votre jardin à une seule minute toutes les trois semaines, sans perdre la splendeur de votre pelouse. »

Heureusement, Los Angeles n'est plus gouvernée par les clients de Jim. Le pouvoir des maires est puissant en

Californie. LA est plus conservatrice que San Francisco mais plus libérale que San Diego. En 2005, elle place au pouvoir son premier maire hispanique. Antonio Villaraigosa amorce un tournant en faveur de l'environnement. Il signe le US Mayor Climate Protection Agreement, qui vise à dépasser les objectifs environnementaux fixés par le protocole de Kyōto, et défend un projet ambitieux de reconquête urbaine écologique. Les réglementations et les amendes s'accompagnent de primes pour changer la végétation de son jardin et la sensibilisation à une meilleure gestion de l'eau. LA encourage l'innovation et mène une politique économique en faveur des sociétés d'avenir. Le Plan LA 2035 révèle la ferme intention du maire d'imposer la ville comme le leader mondial de la croissance verte.

Plongé dans le flux d'images de science-fiction issu des laboratoires californiens, je résume les innovations :

La micro-irrigation. Cent dix milliards de litres d'eau sont gaspillés chaque année dans Central Valley avec les asperseurs. En alternative, la micro-irrigation est un système d'arrosage par goutte-à-goutte, géré par une intelligence artificielle. Elle permet d'économiser jusqu'à trente pour cent d'eau sur certaines cultures.

Les shade balls. Pour éviter l'évaporation des eaux des réservoirs de la ville en temps de canicule, LA déploie des tonnes de billes flottantes en plastique noir. Quatre-vingt-seize millions de ces boules d'ombre ont déjà fait économiser 1,1 milliard de litres d'eau chaque année. La piscine à balles noires protège la qualité de l'eau en empêchant la créaction d'algues provoquée par le soleil, éloigne les oiseaux et protège des vents de poussière. Durée de vie : vingt-cinq ans selon XavierC, leur inventeur.

La distillation des eaux de culture. Sur les six mille hectares de Drainage District, la ville teste avec WaterFX et Panoche Water un système pour récupérer l'eau excédentaire qui n'a pas été absorbée par les plantes des cultures. L'eau, chargée de sels par son passage dans le sol, est « nettoyée » du chlore, du sélénium et du bore par une usine de désalinisation solaire, puis réinjectée dans le circuit d'irrigation. Les minéraux sont revendus. Le prototype produit déjà deux cent soixante-cinq mille litres d'eau par jour.

La désalinisation du Pacifique. À Carlsbad, la plus grande usine californienne produit cent quatre-vingt-dix millions de litres par jour. Poseidon Water développe un nouveau projet à Hutington Beach au sud de LA. Dix-sept projets sont à l'étude tout le long de la côte californienne. Faire fonctionner l'usine avec l'énergie solaire est un jeu d'enfant. Les brevets fleurissent. Trevi System propose d'aspirer l'eau plutôt que de la souffler à travers les filtres semi-poreux : c'est un gain d'énergie considérable. Khalili Engineers travaille sur un processus inédit de magnétisation. Leur prototype de désalinisateur est un cigare miroitant de deux cents mètres flottant au large des côtes californiennes. « The Pipe » produira dix pour cent des besoins de la ville. Et vous pourrez vous baigner dans ses bassins publics.

La tour de phytoévaporation. Les concours d'idées multiplient les fermes urbaines verticales. La tour écosystème des parisiens DCA présente un empilement vertical de serres sphériques. Les palétuviers sous cloche absorbent l'eau de mer, transpirent et, une fois dessalée, la restituent par condensation sur la coque des plastiques. L'eau est ensuite collectée et gravite naturellement vers les plateaux de cultures.

La recharge des nappes. L'Orange County Water District recharge les nappes souterraines de la principale région du grand LA avec des eaux usées traitées à Fountain Valley par microfiltration, osmose inversée et ultraviolets. Chaque jour cent trente-deux mille cinq cents mètres cubes d'eau rejoignent le sous-sol et repoussent l'infiltration d'eau de mer qui met en péril les ressources de la ville. Merci au groupe Suez.

Ces perspectives fascinent. La foi dans la technologie est infinie. Mais la ville requiert une vision globale. Juxtaposer les innovations spectaculaires pour fabriquer de l'eau ne suffira pas à réinventer la Cité des Anges.

Certes, Los Angeles révolutionne ses mobilités. On s'y promène à pied sous l'impulsion de son dynamique maire Eric Gascetti. Avec la complicité de Franck Géhry et de Henk Ovink, l'expert hollandais des eaux, la ville retrouvera bientôt quatre-vingt-trois kilomètres de sa rivière, piégée dans le béton depuis des années. Le CleanTech corridor promet de dépolluer une gigantesque friche industrielle qui avoisine Downtown. On y attend des incubateurs de start-up et le fer de lance de la croissance verte sous d'étranges champignons translucides solaires. Et pour hydrater la foule lors des JO de 2028, on brandit déjà de nouvelles technologies.

Après ces rencontres avec l'inventivité des villes du monde et leurs multiples stratégies de survie, je vois d'autres alliances possible, d'autre assemblages. La partie vient de commencer. Voici venu le temps des combinaisons entre le génie végétal, l'intelligence sociale et les prouesses technologiques.

Comme la liane passiflore, la ville doit rester souple, stratège et créative. Tout miser sur la chimie ou la seule morphologie serait réducteur. Le papillon apprend vite.

N. G

Liste des 200 villes explorées

Abu Dhabi
Alger
Almere
Amsterdam
Angers
Angoulême
Athènes
Auckland
Avessac
Bangalore
Bangkok
Barcelone
Beauséjour
Berlin
Bienne
Bordeaux
Boston
BosWash
Brest
Brooklyn
Bruxelles
Buenos Aires
Buffalo
Bujumbura
Caen
Caire (Le)
Calcutta
Canton
Caracas
Chennai
Chicago
Constitución
Copenhague
Cordemais
Créteil
Curitiba
Detroit
Dijon
Dordrecht
Drachten
Dubaï
Florence

Fortaleza
Francfort
Gando
Garoua
Genève
Glasgow
Grenchen
Grenoble
Goma
Hambourg
Harbin
Havane (La)
Havre
Helsinki
Hoboken
Hô-Chi-Minh-Ville
Hong Kong
IJburg
Ilulissat
Incheon
Issy-les-Moulineaux
Jaipur
Jinhua
Jouy-en-Josas
Kibuye
Kigali
Lagos
Lavau-sur-Loire
Lhassa
Lille Métropole
Lima
Lisbonne
Liuzhou
Londres
Los Angeles
Lyon
Macao
Madrid
Manchester
Marseille
Masdar
Medellín
Metz
Meudon
Mexico
Miami
Milan
Millevaches
Milwaukee
Monaco
Montevideo
Montpellier
Montréal
Moscou
Mumbai
Munich
Nanterre
Nantes
Naples
New Jersey
New York
Nice
Noisy-le-Grand
Nouakchott

Liste des 200 villes explorées

Nouvelle-Orléans (La)
Nuremberg
Nuuk
Orléans
Ortaffa
Otaniemi
Oslo
Oxford
Paris
Pékin
Pellerin (Le)
Petit-Quevilly (Le)
Philadelphie
Phoenix
Polminhac
Port (Le)
Portland
Prague
Qinghai
Quito
Ras al-Khafji
Reims
Rennes
Rio de Janeiro
Riyad
Rochetaillée-sur-Saône
Rome
Rotterdam
Rosario
Rouen
Saïda
Saint-Denis
Saint-Denis de la Réunion
Sainte-Marie
Sainte-Marie de la Réunion
Saint-Étienne
Saint-Nazaire
Saint-Pétersbourg
San Diego
San Francisco
Saragosse
Seattle
Séoul
Sévérac
Séville
Sèvres
Sfax
Shanghai
Singapour
Songdo
Sotchi
Stockholm
Strasbourg
Stratford-upon-Avon
Stuttgart
Taichung
Taïwan
Taiheiyō Belt
Tarawa
Tel-Aviv
Teste-de-Buch (La)
Tilonia
Tokyo

Toronto
Toulouse
Tunis
Vancouver
Velenje
Venise
Versailles
Vienne
Washington
Zurich

Deuxième partie

Sur la route de la « bonne ville »

Pas facile d'être une ville aujourd'hui. En permanence on doit vaincre trois raretés :

— *La rareté de l'espace*. Ne nous y trompons pas : les villes sont des ogres, qui dévorent autour d'elles. Du fait de l'urbanisation, tous les sept ans, la France perd l'équivalent d'un département de surface agricole utile.

En dépit de cet appétit insatiable, ces ogres manquent de « réserves foncières ».

C'est ainsi que les villes au potentiel le plus fort sont celles qui ont vu disparaître de grands pans d'activité. Ici, c'est un port fermé depuis longtemps (Bordeaux, Nantes) et les vastes zones d'entrepôts qui les accompagnent (Gennevilliers, Hambourg). Là, ce sont des friches, souvenirs d'industries mortes (La Plaine Saint-Denis). Ailleurs (Metz), des implantations militaires abandonnées, une fois la tension retombée grâce à la construction de l'Europe. Ces villes, un moment sinistrées, tirent de leurs sinistres mêmes la possibilité d'un rebond.

L'histoire et l'économie sans cesse rebattent les cartes. La richesse change de lieu, à condition de saisir sa chance. Quand un maire est parvenu à se procurer « du foncier », il lui faut s'affronter à la circonspection des investisseurs.

— *La rareté des financements.* On sait l'effondrement de la grande banque française chargée d'accompagner le développement des collectivités locales. On sait peut-être moins que, pour interdire aux banques certaines dérives, des règles prudentielles leur ont été imposées (Bâle III). Elles restreignent leurs possibilités de s'engager à long terme.

Et si les partenariats privé-public peuvent fournir des solutions, ce ne sont pas des baguettes magiques qui, d'un coup, effaceraient les contraintes, dont celle de l'endettement.

Comment se déployer sans s'inscrire dans la durée ? Le *temps long* est une rareté peut-être plus sévère encore que celle de l'espace.

— *La rareté du temps.* La plupart de nos villes se sont construites lentement, au fil des siècles. Mais l'histoire s'accélère, au rythme de la démographie, qui galope. L'urgence s'impose. En seulement vingt-cinq ans, nos villes devront *doubler* de taille, ou de nombre.

Le plus souvent, on construit plus vite qu'on n'équipe. Pour une raison simple : les constructions rapportent alors que les équipements coûtent. Et on s'occupe plus de l'eau potable que de l'assainissement. Pour une autre raison simple : une station de recyclage des eaux usées est moins glamour qu'une usine qui dessale la mer.

Le Grand Casablanca (plus de quatre millions et demi d'habitants) illustre ce double décalage. La plupart des politiciens se sont faits… promoteurs immobiliers. Et il a fallu des atteintes graves à l'environnement, et des odeurs pestilentielles, pour que les autorités décident de prétraiter les eaux sales avant de les rejeter à la mer. La nouvelle station *Eaucéan*, entre le centre-ville et Mohammedia, est un modèle.

Dans les zones urbanisées plus loin du rivage, des stations d'épurement sont construites… au compte-gouttes. Et les précipitations ne sont souvent évacuées que dans des trous dans le sol, pompeusement baptisés « bassins d'orage », en fait des cloaques à ciel ouvert.

Comment, dans ces conditions, bâtir la *bonne ville*, celle où il fait *bon vivre* parce qu'elle répond aux besoins et aux attentes des habitants ?

Qu'est-ce qu'une *bonne ville ?*

Une ville en même temps *serviable*, *attractive* et *textile*.

1

Une ville serviable

Pourquoi, depuis des millénaires, les villes ont-elles aspiré toujours plus d'êtres humains ? Pas seulement pour la raison que, semblables aux papillons, toute lumière nous attire. Nous pensons trouver en villes les services qui manquent dans nos campagnes.

Remercier l'invisible !

Une *bonne* ville est une ville *facile* à vivre. Cette facilité repose sur des équipements et des réseaux d'autant plus invisibles qu'ils fonctionnent bien. De même, nous oublions notre corps tant qu'il garde la santé. En allumant une lampe, en ouvrant un robinet d'eau ou de gaz, en retrouvant vide chaque matin la poubelle que nous avons descendue le soir, nous sommes des *enfants gâtés*, inconscients des hautes technologies et des investissements mobilisés pour rendre en toute sécurité ces services *quotidiens*.

Dieu a créé la pluie, les rivières et les sources. Il n'a pas fourni les tuyaux, ni les filtres.

Imiter la vie : recycler !

La ligne droite est une abstraction d'origine humaine. La vie est faite de boucles et de permanentes métamorphoses.

De plus en plus, la ville se met à lui ressembler. Lavoisier n'est pas loin. Rien ne se perd dans la ville, moins ne s'y crée qu'on ne croit et, plus ou moins vite, tout se transforme.

L'ère des « chiffonniers » n'est plus, celle des camions poubelles s'achèvera bientôt.

Déjà dans certains quartiers de certaines villes, comme à Barcelone, la collecte est pneumatique.

Les ordures passent directement du pied des habitations au centre de tri, via des tuyaux enfouis. Le tri s'automatise, le recyclage se généralise. Pour récupérer de la matière (et reculer ainsi l'horizon de la rareté) et pour économiser de l'énergie (plus gourmande lors des premières transformations).

La nature ne connaît pas de déchets. Nos ordures sont nos nouvelles ressources.

Bienvenue aux *consommacteurs* !

La révolution de l'énergie

Longtemps, l'énergie fut produite, sans souci du carbone émis, par des centrales très lourdes et toutes semblables : de Dunkerque à Nice, même recette pour produire de l'énergie !

Cette époque est révolue. Bientôt chaque ville, chaque quartier, voire chaque maison ou chaque appartement aura ses stratégies adaptées aux situations locales et intégrant les derniers progrès technologiques. Pour économiser l'énergie (construction ou réhabilitation de logements), pour en combiner au mieux toutes les natures (gaz, électricité, éolien, solaire, géothermie, biomasse), pour le choix des installations (les plus imposantes sont loin d'être toujours les plus efficaces), pour l'articulation des réseaux de chaud et de froid... Diverses expériences récentes prouvent l'efficience des solutions complémentaires : le solaire avec le biométhane, l'éolien avec la géothermie...

Et plus aucun équipement énergétique ne pourra être construit sans l'obligation de réduire autant qu'il est possible l'émission de gaz à effet de serre.

Ces progrès techniques engendrent une société nouvelle où le rapport de force s'inverse au profit du consommateur (ville ou particulier) : c'est lui qui choisit, c'est lui qui arbitre. L'ère du *consommacteur* commence.

Clarifier l'eau

Si l'eau a la pluie pour origine, peu de consommateurs se rendent compte des technologies nécessaires pour capter, traiter et distribuer vingt-quatre heures sur vingt-quatre et sur tout le territoire. N'oublions pas que cette « matière première », la plus essentielle à la vie, est en même temps la plus fragile, ouverte à tous les germes. Nous buvons quatre-vingts pour cent de nos maladies, répétait Pasteur.

Les municipalités ont toujours gardé la haute main sur ce secteur crucial et notamment en décidant du prix de l'eau. Mais souvent, cette responsabilité a été déléguée à des sociétés privées. Des contrats ont ainsi été signés, souvent pour des durées très longues, avec des modes de rémunération pour le moins opaques.

Cette époque aussi est révolue.

Quel que soit le mode de gestion, publique (régie municipale) ou privée (délégation), la revendication générale, et légitime, des populations, est à la transparence et à l'évaluation permanente.

Partout s'impose une approche globale et intégrée, avec un souci égal des trois dimensions traditionnelles du développement durable, l'équitable (tarification sociale), le viable (l'équilibre économique) et le vivable (le respect de la ressource et de l'environnement).

Innovation, souplesse, transparence, industrialisation, personnalisation, sobriété… tels sont les principes, souvent contradictoires, auxquels doivent répondre aujourd'hui les *utilités*.

Offrir de la mobilité propre

Pas de bonne ville sans bons transports. Les habitants attendent une offre diverse, régulière, peu coûteuse et maillant l'entièreté de l'espace.

Mais les transports sont responsables du *quart* des émissions mondiales de CO_2. Et dans les villes, ils pourrissent l'air. L'indispensable mobilité doit respecter l'environnement.

Garantir la sécurité

Longtemps dédaignée, voire moquée (on se souvient de certains responsables socialistes parlant de « sentiment d'insécurité »), la revendication de sécurité ne cesse de monter dans la hiérarchie des priorités.

Et cette exigence n'est pas la plus facile à satisfaire. Certaines municipalités offrent des terrains tellement peu chers et si bien équipés que les grandes sociétés se bousculent pour y installer leurs sièges.

Le désenchantement survient vite, lorsque se multiplient les agressions.

Bientôt il faut employer des vigiles pour escorter les employés de la gare aux bureaux… des bureaux jusqu'à la gare.

Et après avoir protesté contre la multiplication de caméras au motif qu'elles empiètent sur nos libertés, bientôt on les réclame, à cor et à cri. Ne nous cachons pas la vérité : la ville est le lieu de tous les trafics.

On peut affirmer, preuves évidentes à l'appui, que le commerce de la drogue engendre la plupart des délinquances.

On peut retenir aussi – réalisme ou cynisme – qu'elle crée une économie parallèle fournissant à des jeunes sans avenir des revenus faciles et certes illégaux, mais qui les dissuadent de se révolter. Osons l'incorrect : les dommages causés par la drogue coûtent moins cher qu'une vraie politique des « quartiers ».

Préserver et défendre la santé

La ville est active, donc polluante. Ces désagréments ne datent pas d'aujourd'hui. Relisez *Le Parfum* de Patrick Süskind. Vous y verrez le portrait d'un Paris bien peu ragoûtant, pourtant celui du siècle dit des Lumières. L'ancien temps, que certains regrettent en gémissant, accumulait des nuisances aujourd'hui refusées. D'autant que les mesures deviennent de plus en plus performantes : les pollueurs ne peuvent plus cacher qu'ils polluent.

La ville chinoise est très active, donc très polluante. Mauvais air pour les Pékinois, les Pékinoises, six mois par an : dans les rues, ils ne respirent qu'à travers des masques. Et seuls les plus riches peuvent s'offrir des machines à purifier l'atmosphère de leur logement.

Cauchemar à Xining, centre industriel sur la route du Tibet. L'altitude (deux mille deux cents mètres) et les pollutions vous rendent le souffle court. Et la bonbonne d'oxygène dans votre chambre d'hôtel n'est pas faite pour vous rassurer.

L'exigence de vivre dans un cadre qui n'agresse pas notre santé rejoint le besoin d'environnement végétal. Outre l'agrément que leur spectacle procure, les plantes sont considérées comme bienveillantes pour les humains. L'harmonie mentale fait partie de la santé.

Mais la prévention, tellement dédaignée en France, ne suffit pas. Quand la maladie vient, ou l'accident, il faut trouver au plus vite, au plus près, quelqu'un qui vous soigne. L'un des services rendus par la ville, c'est sa concentration de médecins et d'hôpitaux. C'est aussi la possibilité de développer facilement la télémédecine, la connexion des plus faibles, personnes malades ou âgées, avec des centres de veille et de soins.

Maîtriser les données

Tout le monde aujourd'hui se veut *smart*, à commencer par les villes.

En anglais, ce mot veut dire intelligent. Avec une nuance d'agilité, complétée par de la pertinence, quelque peu d'élégance, un zeste d'opportunisme…

Comment devenir *smart* ?

En recueillant, puis en gérant, le maximum de données. Il est plus chic d'employer le mot, lui aussi anglais, de *data*.

Les données sont partout, alimentées aussi bien par nous, les humains, que par nos amis les objets. Comme nous nous parlons, ils parlent entre eux : c'est l'internet des objets. Et de grandes oreilles les écoutent, comme elles nous écoutent. Et la plus grande des grandes oreilles est, bien sûr, Google.

Rien de plus producteur de données qu'une ville.

Rien de plus gourmand de données qu'un maire.

Grâce à elles, il peut, en temps réel, tout savoir de sa ville : les fuites d'eau, l'agression qui vient de survenir, l'embouteillage sur le périphérique, le nombre de lits disponibles dans son hôpital, à la cantine l'origine des steaks hachés…

Face à ce *tableau de bord* permanent, l'élu espère gérer sa ville au mieux. D'autant qu'une bonne ville est celle où tous les métiers travaillent ensemble.

Alors cette invasion du numérique ? Bonne ou mauvaise nouvelle pour un maire ? Réel progrès de la maîtrise ou piège de la dépossession ?

Cent questions, toutes cruciales, se posent.

Qui est propriétaire *réel* de la donnée, celui qui l'émet (nous) ou celui qui la traite (Google, IBM, Cisco) ?

Qui doit construire la ville ?

L'équipe municipale, légitime parce que élue ?

Ou celui qui, riche de toutes les données accumulées, les présente de telle manière qu'il oriente les décisions ?

Une bonne ville est celle qui n'échappe ni à ses habitants ni à leurs représentants.

Vive le numérique !

Mais d'abord vive la vision portée par l'équipe municipale choisie par les électeurs.

Les « données » ne sont là que pour l'alimenter.

Jusqu'où privatiser ?

Un voyage au nord-est de la Grande-Bretagne vous donne, jusqu'au vertige, des leçons de pragmatisme.

Il était une fois une mine de charbon.

Une ville s'est développée tout autour : Newcastle.

La mine a fermé. Une brasserie l'a remplacée. Je parle d'une usine fabriquant de la bière et non d'un restaurant. Et puis la brasserie a déménagé : elle avait trouvé dans la campagne un terrain plus pratique. La ville s'est retrouvée avec, en plein cœur, un grand terrain vide : vingt-quatre acres, environ neuf hectares et demi.

Qu'en faire ?

Au diable la nostalgie, il fallait parier sur l'avenir. La ville s'est alliée avec son agglomération et avec son université, très réputée pour ses enseignements en médecine, sciences du numérique et développement durable. Ainsi est né le projet Science Central qui va rassembler dans le même espace (feu la mine) de la recherche, des entreprises, des logements et toutes les activités de loisir.

Deux cent cinquante kilomètres plus au sud, connaissez-vous Grimsby ? Savez-vous que c'est le port le plus important de Grande-Bretagne ? Honte pour moi, j'ignorais jusqu'à son nom, moi qui me flatte d'aimer la mer. Autrefois, il vivait de la pêche. Aujourd'hui, il accueille les poissons… pêchés par d'autres, principalement les Scandinaves. Quatre-vingt-cinq pour cent des poissons surgelés consommés en Grande-Bretagne ont été préparés à Grimsby. Sur ses quais, pour remplacer les chalutiers, se sont installées toutes les nouvelles industries marines : l'éolien, l'offshore pétrolier, l'armement spécialisé… Et associé avec son voisin Immingham, Grimsby est devenu un *hub* de première importance, l'endroit ou l'on reçoit et redistribue les marchandises les plus diverses, des matières premières aux voitures. Sur des dizaines d'hectares, les Volkswagen et les Toyota attendent le client. Leurs essuie-glaces sont tous relevés, comme si leur moment n'était pas encore venu de lutter contre les intempéries.

Pourquoi cette nouvelle importance de Grimsby ?

La proximité de quarante millions de consommateurs, à moins de trois heures de route ou de train.

Une fois de plus se trouve vérifiée la loi de notre modernité : le commerce étant devenu le moteur de l'économie avec pour allié l'irremplaçable numérique, c'est la logistique qui règne sur le monde.

Repartons pour le nord. Retrouvons les bords de la rivière Tyne, jadis célèbre pour ses chantiers navals. Ils ont presque tous disparu. Ici aussi les nouveaux métiers de la mer ont pris le relais. Le pétrole des fonds marins et les énergies du vent se sont substitués au charbon d'antan.

Partout on sent du dynamisme, la volonté de trouver de nouveaux ressorts à l'économie. Partout on découvre des bâtiments neufs, des équipements dernier cri. Mais dans les intervalles surgissent des quartiers pauvres, de longues rues délabrées, des boutiques fermées par des parpaings. Au coin d'une avenue sinistrée, un panneau publicitaire serre le cœur : *Have you ever thought about owning your very own holiday home by the sea ?*

Les passants ne jettent pas un regard aux photos des belles maisons proposées. On se croirait dans un film de Ken Loach, l'envers de l'Angleterre libérale. Tout le monde n'a pas pu monter dans le train des métamorphoses. Il paraît que nombreuses sont les familles qui ont baissé les bras. On y est chômeur depuis déjà deux générations. Voici une dizaine de façades flambant neuves qui sentent bon le programme de réhabilitation. Le miracle ne dure pas. Cinq mètres plus loin, les fenêtres de nouveau tombent en ruine et les gouttières fuient.

Les élus locaux qui m'accompagnent racontent leurs efforts. Et souvent leur découragement : ce sont des milliers de logements qu'il faudrait restaurer ou plutôt rebâtir. On ne les entretient plus depuis tant d'années !

C'est alors qu'intervient le pragmatisme anglo-saxon.

Je me souviens de mes études de philosophie. Pragmatisme : méthode de réflexion tournée vers le réel, l'opposition à Descartes qui croyait à la vérité (absolue). Pour les pragmatiques, penser *en soi* n'a pas d'intérêt. La seule utilité de la pensée c'est d'identifier l'ensemble des implications pratiques d'une décision…

À l'évidence, les trois municipalités de Newcastle, Grimsby et North Tyneside sont des adeptes de cette philosophie. Elles ne s'embarrassent pas de ces principes qui font le socle de la politique française, droite et gauche mêlées. Elles veulent des *résultats*, quels que soient les moyens employés. Y compris, horreur chez nous, le recours à des sociétés privées pour exécuter des tâches considérées comme du domaine exclusif du service public.

À cet égard, la ville de North Tyneside est la plus audacieuse.

Il faut dire que sa situation était délicate. Le déficit budgétaire devenant abyssal, des économies drastiques s'avéraient urgentes, en même temps qu'il fallait dynamiser les services sociaux débordés par des urgences. Toutes les réformes devaient œuvrer à la relance de la croissance. Avec une contrainte : aucun licenciement parmi les employés municipaux.

Le contrat qui fut signé pour dix ans avec Cofely, une filiale du groupe français Engie, ferait sursauter la plupart des maires de notre Hexagone. Dans six domaines, et pas des moindres, Cofely s'engage à obtenir des résultats précis et chiffrés : le contrôle des achats de la commune, le développement général du numérique, le service aux habitants (renseignements divers, téléphone, aide à l'emploi), le suivi en temps réel des finances, la réorganisation du soutien aux plus démunis et, le plus étonnant, la collecte des impôts locaux et sa redistribution ! Le calendrier est rigoureux. Et si les résultats ne sont pas atteints, les pénalités seront sévères.

Une batterie de mesures, les Key performance indicators, au nombre de quarante-sept, évalue les progrès réalisés dans chacun des six domaines.

J'ai rencontré madame la maire, une dame de la race des indomptables, amoureuse de sa région (pourquoi les touristes filent-ils tous en Écosse ? Notre côte est plus belle) et convaincue qu'un bel avenir est possible pour sa ville.

Je l'ai bien sûr questionnée sur le fameux contrat :

« Pour l'instant, il me donne toute satisfaction. Nous avançons d'un bon pas, ensemble. Vous avez bien entendu ? ENSEMBLE.

— Et les syndicats, comment l'acceptent-ils ?

— Ils ont obtenu la garantie de l'emploi.

— Mais les changements d'affectation ? Ils sont rarement bien acceptés.

— La situation ne pouvait durer. Tout le monde y a mis du sien.

— Bref, vive le privé !

— Vous n'avez rien compris. C'est le conseil municipal qui a défini les objectifs, en fonction du type de ville qu'il voulait. C'est lui qui a choisi le partenaire. C'est lui qui contrôle son action, finalement de manière plus étroite qu'il ne le faisait avec ses services. C'est encore lui qui paiera, en fonction des résultats.

— Beaucoup de villes suivent votre exemple en Grande-Bretagne ?

— Beaucoup nous regardent. Pour le moment, elles attendent. J'espère que nous leur donnerons l'envie de nous imiter. »

Madame la maire et moi nous sommes quittés bons amis, du moins je le crois. J'ai bien aimé le dernier petit coup d'œil rieur qu'elle m'a jeté. Il signifiait quelque chose comme « Décidément, vous, Français, ne changerez jamais ».

Ainsi, de métamorphose en métamorphose, va la côte nord-est de l'Angleterre. Ainsi s'inventent et se réinventent les villes. Si le pragmatisme a été inventé aux États-Unis par Charles Sanders Peirce et William James, les élus britanniques en appliquent les règles avec une détermination sans faille et une absence d'état d'âme plutôt réjouissante. Dans l'avion du retour, j'ai repensé à mon cher pays de France. On évaluera plus tard cette expérience anglaise de *privatisation*. Mais pourquoi, face à des échecs sans cesse répétés, nous obstinons-nous à ne pas changer de méthode ? Et pourquoi face à certains succès constatés chez nos voisins aimons-nous tant les dédaigner, voire les vouer aux gémonies, sous le prétexte qu'ils ont été mal obtenus, je veux dire : sans respecter les grands principes ?

Mais gardons les yeux ouverts. Voici l'envers du décor, toujours en Angleterre, l'autre visage de la *privatisation* des villes.

Pour les JO de 2012, les autorités choisissent d'implanter le site olympique à Stratford, banlieue industrielle. Il s'agit de transformer une « zone d'opportunités » (c'est-à-dire : bonne accessibilité et forte précarité des habitants, donc moindre résistance) en un nouveau quartier, sans grignoter la ceinture verte de la métropole. On va désengager (financièrement) l'État et la mairie de Londres en multipliant des partenariats avec le privé : exploitation des équipements, création d'îlots résidentiels et commerciaux, reconversion du village des athlètes. Cinquante pour cent des logements ont ainsi été vendus à la famille royale du Qatar (six cent quarante et un millions d'euros), les autres à un consortium d'associations d'aide au logement (trois cent huit millions d'euros). L'Australien Westfield, patron planétaire de centres commerciaux, déploie la Westfield Stratford City. Cent quatre-vingt mille mètres carrés, dix-sept salles de cinéma, un casino, trois hôtels, cinquante restaurants et le plus grand *hub* commercial de Londres, avec des Waitrose et des Marks & Spencer comme s'il en pleuvait. Il lui est assuré un accès souterrain direct depuis le métro, ce qui achève de tuer le petit commerce local.

Pour accélérer les permis, ces urbanistes, financiers, hauts fonctionnaires, entrepreneurs sont même devenus metteurs en scène. Le tableau qu'ils ont dressé de Stratford était tellement terrifiant (drogue, gangstérisme, radicalisme religieux…) que l'opinion publique a applaudi le « grand nettoyage ».

2

Une ville attractive

Quelle est cette force ? Comment expliquer cette attirance irrépressible, partout dans le monde, des êtres humains vers les villes ?

Cet aimant surpuissant, il semble bien que ce soit d'abord celui de la *possibilité*. À la différence des espaces ruraux où l'on s'imagine difficilement échapper au cycle immémorial et identique des saisons et des générations, toute (grande) ville paraît l'arche de Noé des possibles. À commencer par la possibilité première et nécessaire, celle qui permet tout et d'abord d'échapper, pour soi et pour sa famille, à la pauvreté voire à la misère : l'emploi. Mais aussi la possibilité de l'éducation, promesse pour les enfants de bons emplois futurs. La possibilité de loisirs, pour les travailleurs comme pour leurs conjoints et conjointes. La possibilité de culture, la possibilité de rencontres.

Bref, la possibilité d'une vie plus *vivante*, nourrie et stimulée par toutes ces vies qui s'agitent autour de vous.

Cette *possibilité* n'est pas également répartie. Autant que les entreprises, les villes sont en *concurrence*.

Valenciennes.

Je me souviendrai toujours de ma visite de l'usine Toyota. Le directeur, japonais, m'avait demandé : savez-vous qu'avant de nous installer ici, nous avons hésité entre *vingt* sites européens ? Sa question était aussi un avertissement. Si les conditions deviennent pour nous moins favorables, nous pouvons déménager. Toyota représente pour Valenciennes et pour sa région plus de quatre mille emplois, directs et indirects.

Cette concurrence est sauvage, et multiple. Comment, pour les villes petites et moyennes, résister à l'attrait de métropoles en mesure d'offrir, dans tous les domaines, une gamme de possibles autrement plus vaste ?

Pour défendre leurs chances dans cette bataille de plus en plus farouche, les villes doivent mobiliser leurs forces.

La vitalité d'une ville ne se décrète pas, ni ne se constate. Elle se décide.

Et s'organise. Une ville à vau-l'eau n'intéresse personne.

Pas de dynamique sans l'ampleur d'une ambition, sans l'autorité d'une vision

Quelle ville allons-nous bâtir ?

Sans vision, sans projet et sans l'autorité d'un ou d'une maire pour les porter, les énergies se dispersent et, vite, s'épuisent.

La vitalité d'une ville repose sur une condition première : un accord de long terme entre les différentes parties prenantes, non seulement sur les objectifs mais sur le chemin pour y parvenir. Notons qu'un tel accord n'est pas forcément plus facile ni plus solide lorsque tous les élus appartiennent à la même famille politique. Partout dans le monde, se constate l'importance de la *gouvernance* : pas de dynamique urbaine sans des institutions permettant de dégager une ambition claire et de désigner ceux qui sont chargés de la mettre en œuvre.

Le flou dans les responsabilités est, tout autant que la corruption, un fléau qui peut être mortel. À cet égard, le Grand Paris est une caricature. En empilant les administrations dont chacune voudrait exister au détriment des autres, on organise l'impuissance. Ville de Paris, Métropole du Grand Paris, pas moins de sept départements (!), région Île-de-France…

Parions, tristement : comparé aux autres métropoles, le Grand Paris restera petit.

Cette nécessaire *vision* de la ville, beaucoup veulent la dicter aux maires.

Le développement des villes, qui toutes se veulent « durables », étant l'une des nécessités majeures (et mondiales) des prochaines décennies, la concurrence fait rage pour s'emparer de ce marché géant et en tirer le maximum de bénéfices.

Et chacun, en s'appuyant sur son métier, veut étendre son champ d'action (et donc de profit).

On veut le plus possible *remonter vers l'amont*, c'est-à-dire être présent dès la conception de la ville nouvelle.

On veut *proposer une offre globale*, c'est-à-dire devenir le metteur en scène, celui qui distribue les rôles.

On veut *s'inscrire dans le long terme*, c'est-à-dire accompagner tout le processus, du projet à sa mise en œuvre et de la mise en œuvre à la gestion quotidienne.

Ainsi, les entreprises de travaux publics ne veulent plus se contenter de construire ; elles réclament la responsabilité de l'exploitation.

De même, les équipementiers. Ils manœuvrent pour sortir de leur statut de *fournisseurs*. Et d'autant plus que les techniques qu'ils offrent, ils aiment les considérer comme *structurantes*.

Quand aux « maîtres des données », leur discours est simple : puisque, par définition, nous savons TOUT, nous sommes les seuls en mesure de TOUT piloter.

À ce triple mouvement général (l'amont, la globalité, le long terme), se superposent les spécificités nationales. En France, les urbanistes ne sont pas des entrepreneurs. Ailleurs, ce sont, souvent, les entreprises qui fabriquent les villes.

Dans un tel contexte, le maire et son équipe doivent se battre pour résister. C'est aux élus, et à personne d'autre, de décider.

Raconter le « roman de sa ville »

La vitalité d'une ville dépend de son attractivité pour… ses habitants eux-mêmes. Pour aimer sa ville, il faut la connaître.

On construit une ville tout autant par des mots qu'avec des pierres. D'où l'importance du « roman de la ville » au sens où l'on parle du « roman national ».

C'est un récit qui remonte aux origines, proches ou lointaines. Tout en racontant, il donne à voir au fil des âges le personnage qu'est la ville. Il évoque, il fait rêver, il explique, il tisse, il embarque sur le bateau commun.

Pour l'appropriation de l'ancien temps, l'exemple de Saint-Denis, dans le nord de Paris, est particulièrement riche. Il faut dire que dans cette commune, le moindre coup de pioche fait jaillir du passé comme ailleurs du pétrole. Dès 1973, la municipalité crée un service archéologique : pas moins de onze personnes, dirigées aujourd'hui par une personnalité enthousiaste et savante : Nicole Meyer-Rodrigues. Une mise en scène intelligente permet de suivre, d'un bout à l'autre de la ville, près de vingt siècles de vie commune : diversité des activités et mixité des populations (les ouvriers habitant la ville où les rois étaient enterrés), dialogue permanent du religieux et du séculier… Tel est le sens du projet de reconstruire la flèche de la basilique. À ses pieds, chaque dimanche, le marché rassemble… cent trente populations…

Autant de leçons utiles pour apaiser les tensions d'aujourd'hui.

La lisibilité de la ville, sa compréhension, doit concerner aussi le futur. Où allons-nous, ensemble ? Quels sont nos points forts ? Quel est notre horizon ? Les villes dont aucune activité ne l'emporte assez sur les autres risquent fort de n'offrir pas plus de repères aux habitants qu'à ceux qui pourraient envisager de venir.

D'où l'importance de pôles de compétitivité clairs, réalistes, correspondant à l'état des forces et au génie du lieu, et dotés de moyens suffisants.

La ville de Brest s'est réveillée quand au déclin de l'arsenal s'est substituée la concentration d'activités privées autour de la mer.

Toulouse, avec l'aéronautique, Montpellier avec sa vieille tradition de recherches scientifique, n'avaient pas besoin de nouvelles définitions : leurs histoires continuaient.

Lille se bat, capitale d'une région dévastée par la mort des vieilles industries. La plus formidable pépinière d'entreprises s'est ouverte dans… les locaux abandonnés d'une ancienne filature : vive Euratech !

Certaines villes qui s'appuient sur des rentes, ou du moins sur des richesses solides, établies depuis des siècles, ont souvent bien du mal à élargir leur image (pour compléter leur « roman »).

Comment Bordeaux peut-il éviter d'être d'abord considéré, partout dans le monde, et malgré une myriade d'activités « modernes », comme la cité du vin d'exception ? Et Reims ! Comment ne plus apparaître seulement comme la capitale du champagne ? Un pôle a été construit avec toutes les parties prenantes pour attirer les compétences dans le domaine de la biologie appliquée et des nouvelles filières agricoles.

D'autres exemples, moins éclatants mais tout aussi pertinents, sont à retenir.

Un peu perdue au cœur d'un département lui-même enclavé (la Creuse), la ville de Guéret peinait à trouver sa singularité. Constatant que sa population vieillissait, le maire eut l'idée de tirer une force de cette faiblesse. Le grand âge va devenir le lot d'une part croissante de Français. Pourquoi ne pas rassembler et expérimenter sur la commune toutes les actions et toutes les techniques permettant de soulager les tracas de la vieillesse et de relâcher, autant que faire se peut, les contraintes de la dépendance ? Ainsi fut fait. Et l'on vient de loin s'inspirer de ces installations de *domotique*, cette conception nouvelle de la maison (*domus*) qui fait appel à toutes les ressources de l'informatique.

La fierté par le sport

Sans le football, qui connaîtrait, dans l'Europe entière, Saint-Étienne, Liverpool, München, Mönchengladbach, Eindhoven ?

Qui, sans le rugby, aurait jamais entendu parler de Castres (n'oublions pas, tout de même, les laboratoires Fabre !) ?

Les activités physiques ne sont pas seulement bonnes pour la santé des pratiquants. Elles animent les villes qui financent des équipes d'excellence. Les joueurs deviennent les héros locaux.

Autour d'eux, les populations se rassemblent, s'enthousiasment ou se désolent. Les énergies se réveillent et les investisseurs potentiels s'intéressent.

Souvent c'est par le sport qu'une ville, jusqu'alors modeste dans tous les sens du terme, trouve ou retrouve confiance. La petite ville de Guingamp (moins de dix mille habitants) a choisi de baptiser « En avant » sa (très) bonne équipe de football. Tout est dit.

Et à ceux qu'étonne la violence de certains supporters, rappelons que le mot « fier » vient du latin *ferox* qui qualifie les bêtes sauvages. Et quel plus fort rayonnement mondial promis à une ville choisie pour accueillir *Les Jeux* ?

La *ville Olympique* profite des JO pour se réinventer. Elle tisse de nouvelles mobilités, désenclave, gomme, greffe et embellit son territoire.

C'est officiel, Paris accueillera les JO en 2024. Bravo !

Une fois l'euphorie retombée, deux questions se posent :

— combien ça coûte, qui paie ?

— quelle vision urbaine accélérer, quel héritage privilégier ?

Le coût global est estimé à 6,4 milliards d'euros, un chiffre bien inférieur aux précédentes éditions. Pékin a coûté trente-deux milliards, Athènes onze, Rio douze. Londres a dépensé treize milliards d'euros, dont 7,8 pour la modernisation du réseau de transport et le désenclavement de l'Est londonien, six cent soixante-dix millions pour la sécurité et une cérémonie d'ouverture mémorable, confiée au cinéaste Danny Boyle (pour quatre-vingt-dix-huit millions d'euros). Rappelez-vous, la reine Élisabeth II est arrivée avec James Bond au stade de Stratford. Dans sa candidature, la City avait (sciemment ?) sous-estimé ses dépenses de dix milliards d'euros.

Il faut savoir que les JO fonctionnent sur deux budgets bien distincts. Le premier (Cojo) couvre les frais d'organisation de la quinzaine olympique : logement, transport et entretien des athlètes, infrastructures temporaires, aménagement des sites existants et frais de fonctionnement. Il provient du CIO (1,2 milliard d'euros pour Paris 2024, un milliard et demi d'euros pour Los Angeles 2028), de la vente des billets et du programme de sponsoring national. Plus la ville vend cher ses billets et négocie de bons sponsors, plus elle fait de bénéfices. Londres y a gagné, Athènes et Rio ont perdu beaucoup.

Le second budget couvre les dépenses liées aux infrastructures pérennes destinées à survire aux JO : routes, aéroport, métro, stades, piscines. Celui-là dérape toujours parce que les villes candidates les minimisent volontairement et parce que une fois désignées, elles rajoutent toutes des projets pharaoniques à leur calendrier d'aménagements. À Sotchi et à Pékin, ce sont les aéroports qui ont fait sauter la banque. À Londres, c'est la nouvelle ligne de métro et le nouveau visage de Stratford.

Paris promet de rester frugal : le plan de financement des transports du Grand Paris a été budgété avant sa candidature olympique et la capitale possède déjà plusieurs grands équipements. On en reparle en 2024 !

Que reste-t-il une fois les médaillés partis ? Pour éviter le syndrome de Cendrillon, qui une fois les douze coups de minuit sonnés perd tous ses atours, la ville Olympique se pense maintenant à long terme. Barcelone (1992) a étiré son front de mer. Pékin (2008) s'est offert un bel aéroport. Sydney (2000) a été la première ville Olympique à défendre le volet écologique de ses aménagements : compacité et concentration des équipements, énergie solaire, matériaux recyclés et produits verts. Depuis, la « soutenabilité » est devenue un objectif incontournable.

Rio est désignée par le CIO alors que le Brésil est en pleine euphorie sociale et économique. Sa candidature réjouit le comité. Il y voit l'occasion d'éviter les sites fantômes d'Athènes et les célèbres « éléphants blancs » de Pékin (son grand stade olympique, trop peu exploité, coûte chaque année plus de dix millions d'euros en frais d'entretien).

Le maire de Rio, Eduardo Paes, s'était engagé à laisser un héritage durable et écologique. Malheureusement, entre attribution et célébration des JO, le pays s'effondre. Les budgets, réduits, seront loin de permettre le déploiement de toute l'ingéniosité promise. Ne subsisteront que quelques améliorations des transports, quelques petites reconquêtes du littoral.

Pas de sentiment d'appartenance sans concertation

Beaucoup de villes deviennent de véritables laboratoires de démocratie.

Partout s'y développent des modes nouveaux de dialogue. Les habitants ne sont-ils pas concernés au premier chef ? Écoutez les aménageurs d'immenses périmètres, comme à Nantes ou à Bordeaux. Parfois pestant contre le temps passé à discuter avec les associations de riverains, ils reconnaissent tous la nécessité de ce dialogue et la richesse des suggestions recueillies (comme la pertinence de certains refus, nets et définitifs). Ces échanges peuvent aller jusqu'à l'organisation de voyages invitant des associations d'habitants. On se transporte en groupe pour évaluer les solutions apportées par certaines villes exemplaires (Barcelone, Berlin, Hambourg…).

Plus cette démocratie, très locale, est vivante, plus se fortifient l'*identité* en même temps que le sens de la *responsabilité*. Grâce à ces échanges, le quartier du Blosne, pourtant le plus pauvre de Rennes (revenu moyen mensuel par unité d'habitation : 1 250 euros), est devenu l'un des plus sûrs. L'inventivité institutionnelle (et juridique) n'est pas moins nécessaire que l'apport des solutions techniques et financières.

La dynamique culturelle

Certains considèrent encore la *culture* comme un luxe, une cerise sur le gâteau quand gâteau il y a, c'est-à-dire quand l'opulence permet ces prétendues fantaisies. Rien n'est plus faux. Preuve irréfutable a été donnée ces dernières années que la culture sous toutes ses formes donne ou redonne vie et attractivité à la ville, fierté et dynamisme à ses habitants, envie d'avoir envie. Qu'est-ce qu'offrir de la culture sinon nous donner l'occasion de nous agrandir, élargir en chacun le champ du rêve, c'est-à-dire du possible ?

Ce réveil peut venir d'un musée (Bilbao, Beaubourg à Metz, le Louvre à Lens), de spectacles de rue avec des machines tout droit sorties des bandes dessinées (Nantes), de manifestations plus classiques mais changées en rendez-vous exceptionnels (« Les Folles Journées »)…

Dans la culture, il faut inclure bien sûr l'enseignement, des écoles à l'université.

D'où vient le rayonnement de Montpellier et de Toulouse, de Strasbourg, de Rennes, de Bordeaux, sinon de leurs foules d'étudiants ? Réserve inépuisable de gaieté et d'énergie en même temps que de compétences en train de s'acquérir. Faut-il le rappeler ? La science et la technique appartiennent aussi à la culture.

En dépit d'une école centrale et d'une école de commerce de bonne qualité (Audencia), l'identité économique, et plus encore industrielle de Nantes manquait d'originalité et de visibilité. Et pourtant l'usine Airbus y fabrique le fameux tronçon 21, le plus difficile à construire car situé au centre de l'avion, à l'intersection du fuselage et des ailes, il doit résister à d'innombrables forces.

L'Institut de recherche technologique, bellement baptisé Jules-Verne, un enfant du pays, donne à la ville la possibilité d'affirmer et de développer son excellence dans l'un des domaines clés du futur : les nouveaux matériaux, notamment les matériaux composites.

Au fond, la dynamique culturelle remplit la même fonction que la mobilité physique mais celle-ci est *mentale* : on aide les habitants à sortir d'eux-mêmes, à élargir leur horizon. Ils étaient *assignés à résidence.* On leur ouvre des portes.

L'*attractivité* d'une ville est directement proportionnelle à la *fierté* de ses habitants, qui deviennent autant d'ambassadeurs.

Écoutez les Bordelais : beauté retrouvée des façades, dialogue renoué avec la Garonne, promenades entre les fleurs, salut au miroir d'eau. L'amitié d'un maire et d'un paysagiste, en l'occurrence Michel Corajoud, peut changer la vie. Et revivent les villes qui réapprennent à s'enchanter de leur rivage, fluvial ou maritime.

Une création permanente

Rien n'est plus néfaste, ni plus malfaisant pour ses habitants que de croire qu'une ville, un beau jour, est construite.

Sans cesse, la ville doit s'accoucher d'elle-même.

Regardez les *grands ensembles*. Sans doute ils eurent leur nécessité : ils répondaient à l'urgence de construire vite et pas cher pour loger beaucoup. La honte, c'est de les avoir abandonnés si longtemps alors que les conditions avaient changé.

Pourquoi tant de touristes se pressent, à Barcelone, devant le bâtiment Antoni Gaudí, dont tous les admirateurs s'étonnent qu'ils soient *toujours* en travaux ?

Au-delà du désordre, ils y voient la maîtrise de tant d'arts rassemblés : la céramique, la verrerie, la ferronnerie, la charpente…

Ils y font aussi provision d'énergie. D'admiration devant l'œuvre urbaine en train de repousser, toujours, ses limites.

Et maintenant, deux voyages.

Dans notre première escale se pratique, avec bonheur, une efficace démocratie. Dans la seconde, un parti quasi unique décide de tout. Comment Hambourg a-t-elle réussi à se relancer ? Comment Singapour, en à peine cinquante ans, est parvenu à métamorphoser une petite île de mangroves et de marécages en l'un des phares du monde moderne ?

La renaissance de Hambourg

Dans l'île géante de Wilhemsburg (trente kilomètres carrés), je me suis promené sur le site d'une ex-décharge publique, sans doute l'une des plus nocives d'Europe car les industries locales y déversaient, entre autres saloperies, de la dioxine (utilisée par les amis américains pour ravager les forêts vietnamiennes). Cette horreur est devenue parc paysagé, apprécié par les familles. On m'a fièrement fait visiter un bunker, le plus grand bunker jamais construit (hauteur quarante-deux mètres). Faute de pouvoir le détruire, on l'a changé en immense réservoir d'eau chauffée par tous les moyens possibles, éolien, solaire, biogaz, bois... On m'a montré un village de conte de fées futuriste. Une maison a pour façade des aquariums où se développent des microalgues, lesquelles fabriquent de la biomasse et purifient l'air. Une autre est un cube en bois de quatre étages, construit en quatre semaines par quatre ouvriers. Une autre encore recycle la lumière (personne ne sera étonné qu'elle soit conçue par Velux). D'autres flottent sur l'eau. Toutes sont reliées au même réseau d'énergie : la maison qui, pendant quelque temps, produit plus qu'elle ne consomme la vend aux autres. À charge de revanche. Ce laboratoire est vivant. De « vraies » gens y habitent et commentent chaque jour les avantages et les inconvénients de ces nouveaux logements. Il ne s'agit pas d'exposer de la technique pour de la technique, même formidable d'ingéniosité, mais de répondre aux besoins des populations et aux contraintes énergétiques.

Plus au nord, dans un vaste quartier, extension de la ville baptisée HafenCity (la Cité du port), j'ai vu comment Hambourg avait récupéré les espaces en bordure du fleuve (l'Elbe) anciennement occupés par les armateurs et les commerçants. Un très long et très haut mur a été abattu. Cent cinquante-sept hectares se sont trouvés libres. Appuyés sur la ligne rouge des anciens entrepôts de brique, des bâtiments modernes s'élèvent. S'y côtoient écoles et universités, immeubles d'appartements (dont certains abritent deux étages occupés par... une église), résidences pour personnes âgées, sièges de grandes sociétés (Unilever), une centrale à gaz (qui jouxte le jardin d'enfants), l'accueil des bateaux de croisière (une petite vingtaine, il y a dix ans ; cent soixante-dix-sept l'année dernière). Sans compter les innombrables cafés et commerces car un urbanisme qui veut de la vie *doit se préoccuper d'abord des rez-de-chaussée.* Et un choix a été fait : pas de *mall* ni de supermarché mais des boutiques qui, ensemble, offrent tout ce qu'on peut souhaiter. Quarante-cinq mille emplois sont prévus à terme dans la zone et six mille logements pour douze mille habitants. Au loin s'élève, surmontée par une forêt de grues, la masse imposante, l'Opéra. Les travaux ont traîné, le budget a explosé. Mais l'immense talent des architectes suisses Herzog & de Meuron a donné son phare à la ville. Hambourg est redevenue l'une des villes les plus musicales du monde.

Que faut-il retenir de cette double et formidable aventure urbaine ?

D'abord la *rapidité*, rendue possible par une *gouvernance* dont la concentration fera rêver tous ceux qui vitupèrent le mille-feuille administratif français. Pas de département ici, ni de région. La ville est en même temps État (*Land*). Résultat : depuis la première proposition du maire, il n'a pas fallu plus de quinze ans pour réaliser la moitié de HafenCity.

Ensuite, une *alliance* exemplaire entre le *public* (qui conçoit l'ensemble et garantit sa cohérence, sans perdre jamais la main) et le *privé* (qui bien sûr finance, mais choisit l'architecte en étroite liaison avec les autorités, et s'engage sur des délais, courts, de construction). Le rapport entre les deux apports, argent public-argent privé, peut atteindre un pour dix.

Puis une *mixité*, voulue dès le départ et toujours respectée. Mixité des usages (emplois, logements, par exemple). Mixité des âges et des classes sociales par la diversité, dans la même zone, des constructions. Noter le rôle joué par les associations d'usagers ainsi que par de nombreuses véritables coopératives, toutes deux typiques de la mentalité locale.

Une double *préoccupation environnementale.* S'adapter au changement climatique : on va, par exemple, surélever de quatre mètres certains secteurs pour ne plus souffrir de la montée des eaux (les inondations de 1962 sont encore dans toutes les mémoires : deux cents morts). Et en même temps lutter contre lui, en réduisant la consommation d'énergie et la production de gaz à effet de serre.

Enfin, et peut-être d'abord, la *culture*. Considérée comme essentielle pour la fabrique de la société, le tissage des diversités, l'apprentissage de l'émancipation intellectuelle et donc de la démocratie, elle est partout présente, sous toutes ses formes, pour tous les âges et pour tous les publics, dans la rue (spectacles de danse, lectures de poésie) comme dans les salles de concert les plus huppées.

Ainsi avance Hambourg, presque deux millions d'habitants, impressionnante de détermination et de pragmatisme, intéressée par les résultats concrets et non par l'idéologie, avec une force qu'on dirait volontiers tranquille si le qualificatif n'avait pas déjà été utilisé.

Et l'Allemagne dans tout ça, je veux dire la République fédérale ? J'ai demandé au maire s'il se sentait allemand ou hambourgeois. Il a été secoué d'un bon rire. Il m'a répondu par une date : 7 mai 1189. Heureusement, j'avais révisé mes fiches. Ce jour-là, l'empereur Frédéric Barberousse accordait aux populations des bords de l'Elbe l'autorisation de commercer. L'aventure de Hambourg commençait. L'Allemagne arriverait bien plus tard, sept siècles plus tard. Pas question que ce tout jeune État empiète sur cette farouche indépendance qui a fait ses preuves près de neuf siècles durant.

Singapour : peut-on créer une ville en partant de rien ?

En cette première semaine de juin 2014, Singapour accueille notre Conseil de stratégie urbaine. Quel lieu au monde pourrait nous être plus utile ? Qu'est-ce que Singapour sinon l'incarnation même d'une « stratégie urbaine » ? Au cœur de la ville, un petit bâtiment accueille l'histoire de cette formidable aventure : the Singapore City Gallery. Des données naturelles de départ, particulièrement indigentes et inhospitalières (une mangrove, des marais, des moustiques et, de temps à autre, un tigre) jusqu'aux orgueilleuses tours d'aujourd'hui, chacune des étapes est présentée, expliquée. De retour à l'hôtel gigantesque (le Marina Bay Sands, ouvert en 2011, deux mille cinq cent soixante chambres, coût annoncé : huit milliards de dollars), je note mes « choses vues » sur mon petit carnet orange, impressions qui sont autant de leçons pour la vieille Europe :

Vive la création permanente !

Singapour ne s'arrête jamais. Partie de rien, on dirait que la ville a la terreur d'y retourner. Alors, elle continue de s'inventer. De s'agrandir en gagnant sans cesse sur la mer. De s'élever en bâtissant toujours plus haut. D'explorer toutes les formes possibles d'habitat et toutes les manières d'occuper l'espace (aussi en profondeur : à Singapour, plusieurs villes travaillent *sous* la ville). De donner au végétal toujours plus de place et pas seulement dans les jardins (au demeurant admirables). De se développer en accueillant toujours plus d'activités : contrairement à l'idée reçue, Singapour ne construit pas sa fortune uniquement sur le commerce. On y *produit*, et beaucoup. Singapour est *aussi* une nation industrielle. Singapour est un écosystème économique complet.

Cette création permanente n'est en rien de l'agitation. Une vision l'ordonne, toujours renouvelée, relancée, remise en cause. Aucune ville n'est plus *préméditée* que Singapour.

Et l'émouvant, dans cette avancée qui paraît implacable et ô combien maîtrisée, c'est la fragilité, l'obsession des périls. On les sent présents, toujours, dans l'esprit des dirigeants. Rien n'est plus étranger à Singapour que le sentiment de l'*acquis*. Tout pourrait d'un jour à l'autre s'effondrer. On pourrait manquer d'eau. On pourrait se voir ruinés par les pirates, attaqués par les terroristes. On pourrait, suite au réchauffement, se faire submerger par l'océan. Alors, on s'acharne à tout prévoir. On se prépare. On lutte d'avance...

L'impossible mariage : démocratie-long terme

Lors d'un précédent voyage (pour mon enquête sur l'eau), on m'avait présenté le grand projet de grande retenue à l'embouchure de la rivière Singapour. (Pour se prémunir contre les inondations, pour accroître les réserves, pour offrir des loisirs et de l'agrément aux habitants.) On m'avait montré les plans. On m'avait expliqué le principe des pompes géantes prévues pour jouer avec les marées.

Trois petites années plus tard, la maquette était devenue réalité. Des rameurs s'entraînaient sur le plan d'eau. L'espace était paysagé et bellement planté d'arbres (dont certains en fer, pour mieux recueillir la pluie). En prime, l'hôtel, notre hôtel géant, était lui aussi sorti de terre.

J'ai pensé à la lenteur parisienne. À nos projets à nous, à leur allure d'escargot. Pauvre port de Gennevilliers qu'il vaudrait mieux appeler Arlésienne ! Pauvre Grand Paris Express ! Avant qu'il voie le jour, des générations auront eu le temps de beaucoup marcher.

En même temps, ne soyons pas naïf.

Vous n'ignorez pas que cette gouvernance, cette vision cohérente et ambitieuse ont sans doute un prix : le manque de vrai dialogue, l'absence de véritable opposition. En d'autres termes un déficit de démocratie.

Alors nous vient une interrogation, inconfortable : comment concilier vision à long terme et démocratie ? Comment guérir des dirigeants soumis à élection ou réélection de la nécessité pour eux de privilégier le court terme, visible (médiatiquement couvert), au détriment du long terme, invisible ?

Seul l'exemple hambourgeois apporte du baume au cœur : qui peut reprocher un manque de pratique démocratique à ce nord, quasi scandinave, de l'Allemagne ?

Éloge de l'ampleur

Passionné par le rôle des océans et du transport maritime dans la mondialisation, j'ai, longuement, visité le port. Et l'ai trouvé déjà fort vaste (seize fois notre Havre). Le directeur a hoché la tête : « Ne croyez pas ça. Nous sommes à l'étroit. Nous avons décidé de déménager vers l'ouest de l'île, oui, vous avez tout compris, à l'entrée même du détroit de Malacca.

— Vous allez déménager… tout le port ?

— Bien sûr. Ainsi nous allons libérer des terrains juste en face du centre-ville. Il n'attendait que cette surface pour s'étendre… »

Salut à l'accueil !

Le premier sentiment qui vous vient à Singapour, c'est de vous trouver au centre d'un carrefour.

Un *hub*.

Et pas seulement parce que l'aéroport et le port sont gigantesques.

Pas seulement parce que vous connaissez la géographie et savez la place de la ville – État à l'extrême pointe sud de la péninsule malaise, juste au bon endroit entre les deux Asies, – c'est-à-dire la chinoise et l'indienne.

Pas seulement parce que vous n'ignorez pas le poids de la place financière.

Partout vous rencontrez des jeunes, européens ou américains, qui ont choisi Singapour comme un point de départ, une base d'où repartir à l'assaut de la partie la plus dynamique du monde.

Dans la grande concurrence entre les deux villes, l'avantage de Hong Kong, c'était d'être plus proche de la Chine. L'avantage de Singapour pourrait être, très bientôt, de s'en trouver à meilleure distance.

En même temps, vous n'ignorez pas le nombre des ouvriers étrangers, bangladais, pakistanais, indiens qui travaillent durement pour l'île dans des conditions pour le moins difficiles.

On ne les voit presque jamais.

Mais ils sont là, ô combien nécessaires.

Ils participent à ce sentiment d'« internationalité ». À la manière des esclaves qu'« accueillait » Athènes.

Et pourtant...

Des questions vous viennent.

Au-delà du couple quasi impossible : démocratie-long terme.

Où se trouve-t-on vraiment à Singapour ?

Une sensation d'artificialité ne vous quitte pas.

Un peu comme dans un parc de Disney.

Le génie commercial de Disney, c'est d'avoir choisi les contes et légendes les plus célèbres, de Perrault, Grimm, Andersen, histoires souvent cruelles, désespérées, dérangeantes et de leur avoir, consciencieusement, limé les dents. Tout le monde il est beau, tout le monde il est gentil. La reine des glaces (et ses éclats dans le cœur) s'est fait botoxer et chante du Céline Dion.

Est-ce un sentiment de vieil Européen jaloux d'un tel dynamisme ? Singapour donne l'impression de n'avoir pas été construit pour des adultes mais pour des citoyens maintenus dans l'enfance.

Autre question, tout aussi dérangeante : Singapour est laïque, infiniment laïque. Et comme c'est reposant sur notre planète en plein regain des guerres de religion ! Mais avons-nous pour seul choix une société un peu enfantine et laïque, avec l'argent pour seul Dieu, et une société de fanatiques ?

Encore une question, plus matérielle : l'explosion des prix de l'immobilier. Singapour a vécu sur la valeur absolue du travail. Maintenant, on gagne bien davantage en spéculant qu'en travaillant. Si l'esprit de rente, cette plaie, commence à gangrener Singapour, que restera-t-il, bientôt, de la ville-État, imaginée puis construite par Lee Kuan Yew ?

Venez et revenez à Singapour. Pour admirer ou détester. Pour admirer *et* détester. Peu de voyages vous forcent autant à réfléchir sur l'avenir des villes.

L'exemple de Singapour engendre des fascinations. Et des regrets. Ah, la vie serait plus simple si on la rassemblait dans quelques grandes villes dynamiques donc opulentes ! Pas besoin de redistribuer leur richesse au reste de l'espace puisqu'il serait quasi vide, seulement occupé par des agriculteurs (industrialisés donc pas nombreux).

Tel est le revers, le cauchemar de l'attractivité : la *concentration*. L'attirance par les métropoles, l'*absorption* par elles de toutes les forces vives. Les maires des villes petites et moyennes tirent tous la sonnette d'alarme : les jeunes actifs et bien formés s'en vont, comme aspirés, et ne reviennent que l'âge venu pour vivre leur retraite dans les lieux de leur enfance.

La seule mécanique qui permet de les revoir plus tôt, c'est l'évolution des prix de l'immobilier. Quand ils grimpent trop dans les métropoles, on retourne chez soi pour y dormir.

Un maire a résumé pour moi la situation : la plupart de nos villes trop petites pour *attirer* ou pour *retenir* ne rassemblent plus que des assistés, des dormeurs et des retraités…

Bien sûr, des contre-exemples existent. Certaines villes moyennes parviennent à refuser les séductions meurtrières des grands centres. Il faut qu'elles aient construit de vrais pôles d'*activité*. Il faut qu'elles aient bâti avec les villes voisines de même taille un réseau de solidarité active.

Sans ce rapprochement entre La Rochelle, Rochefort, Niort, Angoulême, les forces vives de chacune de ces villes seront avalées par Nantes au nord, au sud par Bordeaux.

L'aménagement du territoire est une volonté.

3

Une ville textile

Les êtres humains courent vers les villes parce qu'ils pensent bénéficier de ces formidables rassemblements d'énergies potentielles.

Mais sitôt arrivés, perdus dans la violence de l'anonymat, ils se réfugient souvent dans des communautés. Ils supportent mal ceux qui ne leur ressemblent pas. Les diversités, au lieu de s'enrichir, s'affrontent.

Et les riches se protègent entre riches. Et les pauvres se voient relégués toujours plus loin du centre, dans des quartiers pour pauvres.

Une ville est un archipel, dont les îles s'écartent les unes des autres, emportées par des courants malsains.

Alors le maire ravaude sans cesse un tissu qui ne cesse de se déchirer. Surtout dans des périodes comme celle que nous traversons où s'accroît le chômage, détruisant familles et cités.

Face à ces désarrois, les élus sont en première ligne.

Tout maire est un maître tisseur.

Une *bonne ville* est *textile*. On peut dire aussi *inclusive* : elle ne doit rejeter, ou assigner à résidence obligée, aucun de ses habitants.

Vive et revive les centres-villes

Alerte !

Au cœur de villes de plus en plus nombreuses, petites ou moyennes, et parfois même les grandes, le désert s'installe. Les commerces ferment, les appartements se vident, les lumières s'éteignent. Toute vie s'est transportée dans la périphérie où se sont déplacées peu à peu toutes les activités, à commencer par les supermarchés mais aussi les hôpitaux.

Comment peut-on continuer à vivre dans un espace dont le centre se meurt ?

En finir avec le « zonage » : inventer la mixité paisible

Certains urbanistes n'ont voulu voir dans la ville qu'une suite de fonctions, chacune exercée dans un espace réservé : le quartier des administrations ; le quartier des entreprises ; le quartier des commerces ; le quartier des habitations… Brasilia est l'exemple le plus abouti de cette juxtaposition, ce « zoning » dont personne ne veut plus.

La conception généralement admise aujourd'hui est qu'une ville est d'abord un alliage subtil et toujours changeant où doivent se mêler des fonctions diverses en même temps que des populations variées. L'exemple de Hambourg, précédemment évoqué, est de nouveau à retenir. Dans un *même* immeuble on peut, de bas en haut, superposer un commerce, une crèche, une église, une pépinière de start-up et des habitations. Dans un même quartier on peut juxtaposer des logements achetés et d'autres loués, des bâtiments à usage social et d'autres destinés à des populations plus aisées.

Ce mélange, qu'on appelle *mixité*, n'est pas seulement économique et social. Il doit aussi brasser des générations différentes. Rien n'est pire, rien n'est plus étranger à l'essence même de la ville que ces successions de ghettos, ghettos pour vieux, ghettos pour jeunes.

Autre nécessité : intégrer le mieux et le plus vite possible les nouveaux arrivants.

Certaines municipalités, à Nantes par exemple, tiennent à les accueillir lors de cérémonies en mairie où alternent renseignements pratiques et rituels de bienvenue presque semblables aux acquisitions de nationalité.

La mobilité : premier métier à tisser
La mobilité verte : premier remède
contre la pollution

Les agglomérations s'étendent. Parfois plusieurs dizaines de kilomètres séparent les logements des lieux du travail. Les populations ne s'y trompent pas. Elles mettent au premier rang de leurs priorités les moyens de se déplacer. Ainsi le Grand Paris, c'est d'abord un Grand Métro : deux cents kilomètres de tunnels et soixante-huit gares.

Mais sur ce point aussi, la mixité est devenue la règle. Un seul réseau, fût-il rapide et sûr, ne suffit pas. Une combinaison de l'offre est nécessaire pour répondre à la multiplicité des besoins, à toute heure du jour et de la nuit : trams, bus, automobiles privées, Velib', Autolib', pistes et promenades protégées…

Sans oublier… la marche, le plus doux et le plus sain des moyens de transport. L'un des charmes d'une ville vient de l'étendue de ses espaces piétonniers : en nombre d'hectares Bordeaux bat le record d'Europe !

À cette diversité s'ajoute le pragmatisme. Quand l'installation ou la réinstallation d'un tramway s'avère trop coûteuse, en aménagement et en maintenance, pourquoi ne pas dédier des voies à des autobus, dont la régularité du trafic sera garantie ?

La mobilité est l'une des conditions de la *bonne ville*. Quel sera l'avenir du Grand Casablanca, ces cités bâties au milieu des champs sans aucun lien prévu avec le centre-ville, c'est-à-dire avec les emplois ?

Une mauvaise qualité des transports, un maillage incomplet de l'espace fabriquent de l'exclusion géographique et sociale.

En anglais, *tram* veut dire « rail » et *way* « chemin ». Le tramway c'est donc, en traduction littérale, le chemin de fer. Mais en français, le tram fait plus ou moins consciemment référence à la trame, donc au tissage. Le tram n'est pas qu'un moyen de transport. Symboliquement, c'est une ligne gravée dans le sol qui lie et relie.

Dans les villes d'aujourd'hui, les *gares* jouent un rôle nouveau et décisif. Autrefois seulement dédiées aux transports, lieux d'accueil et de départ des voyageurs et des marchandises, elles deviennent centres commerciaux et culturels, pôles de développement d'abord immobilier puis économique de zones plus ou moins étendues.

Sans parler de l'image première qu'elles donnent au visiteur : la gare est le totem, le drapeau du quartier ou de la ville.

Et c'est ainsi que montent, montent les prix de l'immobilier autour des lieux prévus pour y élever les gares du Grand Paris Express.

Aujourd'hui notre besoin de bouger et de transporter
– consomme vingt pour cent de l'énergie utilisée par notre planète ;
– émet près du quart de nos émissions de CO_2 ;
– cause une bonne part des maladies liées à la pollution de l'air.

C'est dire si forte et urgente est la nécessité de développer une *mobilité verte* : propre, économe et décarbonée.

L'enjeu étant géant (de même que les marches à venir), les solutions se multiplient. Certaines tendances se dessinent. Comme le note Mathias Lelièvre, responsable du secteur chez Engie, la mobilité urbaine du futur sera électrique et plusieurs fois partagée : partagée entre les transports publics et privés ; partagée parce que la *propriété* du véhicule sera remplacée par son *usage* ; et partagée entre les différentes sources d'énergie. Les progrès des batteries et les facilités de recharge seront bénéfiques à l'économie. Et il est à parier qu'un rôle majeur sera joué par l'hydrogène.

Il va sans dire qu'aujourd'hui la mobilité n'est pas seulement physique. Le numérique, moteur du *virtuel*, démultiplie notre présence : nous pouvons être là en étant ailleurs. Le télétravail, les visioconférences sont autant de mobilités qui… économisent de la mobilité physique, donc de l'énergie, du temps, de la fatigue et de la pollution. Une *bonne ville* est une ville connectée ou, si vous préférez, branchée.

Merci les bibliothèques !

Nommé « ambassadeur de la lecture » par la ministre de la Culture, j'ai découvert que la France dispose de seize mille points de livres, seize mille bibliothèques ou médiathèques, grandes ou petites, fixes ou roulantes, permanentes ou saisonnières, très urbaines ou perdues dans la campagne. Seize mille bases de services publics, plus nombreuses que les bureaux de poste. Seize mille *troisièmes lieux*, c'est-à-dire des havres de paix, entre les logements (souvent trop petits) et les endroits où l'on travaille. Seize mille accueils possibles où les générations peuvent se retrouver et dialoguer. Seize mille points de *vivre* tout autant que de livres. Car les bibliothèques et les bibliothécaires ne sont plus celles et ceux que vous croyez. Depuis longtemps, fini les blouses grises et les mines compassées pour remettre à de seuls habitués des ouvrages d'érudition.

Savez-vous que quatre-vingt-dix pour cent des bibliothèques municipales travaillent avec les écoles du voisinage et avec les maisons de retraite, que les deux tiers mènent des actions hors les murs, que la moitié d'entre elles accueillent des missions pour l'emploi, contre l'illettrisme, pour le soutien aux migrants… ?

Comprenez que ces seize mille points de *livres* et de *vivre* sont aussi des points de couture : ils réparent et ravaudent ce tissu qu'on appelle la France. Un tissu en grand risque de déchirures culturelles et sociales.

Une cité végétale

Tel est l'un des souhaits majeurs de toutes les populations, exprimant le besoin profond des citadins de ne pas rompre avec cette nature d'où ils sont venus il n'y a pas si longtemps.

Une *bonne ville*, c'est autant du végétal que de la culture.

Non un saupoudrage de plantations en bacs mais une participation étroite au tissage qu'est une ville.

Élu président de l'École nationale supérieure de paysage (Versailles), j'y ai, mieux vaut tard que jamais, découvert l'évidence que nous, animaux, n'avons pas le monopole du *vivant*. Fort de cette illumination, je n'ai plus cessé d'étudier les relations entre les citadins et le végétal.

Avec *Val'hor*, l'organisation qui rassemble tous les professionnels de la filière (des pépiniéristes aux concepteurs et aux entreprises : cent cinquante mille emplois en France), nous avons rédigé ce manifeste :

« Qu'ils soient petits comme des balcons, modestes comme des squares ou vastes comme des parcs, qu'ils soient publics ou privés, individuels ou partagés, qu'ils soient ouvriers ou de curés, potagers ou médicinaux, verticaux ou terrasses, promenades, avenues plantées, bois ou roseraies… les jardins, tous les jardins, et les paysages qu'ils créent, sont bons pour la santé des humains.

« Lieux privilégiés de mixité sociale, d'échange et de dialogue, ils apprennent à vivre et grandir ensemble. En s'y promenant, le rythme cardiaque s'apaise, l'œil s'égaie, le nez s'éveille, le caractère s'adoucit. Outre le plaisir de voir et de sentir, l'appétit vous vient car les fruits et les légumes sont là, bien réels. La nourriture vous rappelle ses origines bien terrestres. En y travaillant, on y retrouve le temps, le temps qu'il fait et le temps qui passe (vous savez, ces réalités mouvantes que, jadis, on appelait "saisons") et les lenteurs nécessaires ; on y réapprend le respect pour toutes les formes de la vie qui, toutes, sont solidaires ; on y reprend contact avec l'enfance, ses surprises et ses émerveillements ; on y renoue le grand pacte sans lequel aucune civilisation ne peut durer, aucun humanisme ne peut se développer : l'alliance, dans l'équilibre, entre Culture et Nature. »

La revendication de villes plus « végétales » n'est pas seulement affaire d'agrément.

La vérité oblige à dire qu'on peut avoir en même temps un cancer et un rhume. Pendant la crise économique, la dégradation climatique continue.

Les conclusions du dernier rapport du Groupe d'experts intergouvernemental sur l'évolution du climat sont sans appel. Du réchauffement global, les villes sont à la fois actrices et victimes. En plantant ou replantant des arbres, non seulement on capte du CO_2 et d'autres particules polluantes, mais on contribue à baisser la température. Le végétal est un filtre à air urbain. Et dans certaines rues toutes minérales, véritables puits de chaleur, le recours aux végétaux permet d'améliorer et rafraîchir l'atmosphère.

Pas plus que la culture, la botanique en ville n'est un luxe.

Même si certains, non sans preuves scientifiques, nous affirment que la diffusion des pollens explique le développement accéléré des allergies, c'est oublier le rôle de la pollution, et notamment des particules fines : elles accueillent, concentrent et transportent les pollens. À moins que notre espèce humaine n'ait muté : ex-fille de la nature, elle ne supporterait plus aujourd'hui que l'air vicié des villes. Bienvenue dans la vie moderne !

L'usage plutôt que la propriété

Les conflits entre les moyens de transport privés et publics ne datent pas d'aujourd'hui.

En 1910, le candidat au poste de gouverneur de Californie, un certain Hiram Johnson, ne circulait qu'en automobile pour bien montrer son opposition aux projets de la Southern Pacific Raildroad qui voulait étendre son réseau.

Mais la multiplication des voitures menace vite l'agrément d'une ville. Et, pour densifier l'espace – objectif qui va devenir de plus en plus prioritaire –, on aura tendance à changer les parkings en unités de logement. Non sans protestations des habitants anciens qui veulent de leurs fenêtres pouvoir surveiller leurs chers véhicules…

Cette passion pour la voiture est en train de changer. Les jeunes générations continuent de l'apprécier comme moyen de transport pratique et libre, non comme objet de luxe ou symbole d'on ne sait quelle puissance. D'où le succès croissant des *locations*, succès beaucoup plus rapide que les sociologues ne l'avaient prévu : on ne possède plus, on loue.

Une telle évolution, ce glissement vers l'*usage*, la location d'un service plutôt que la propriété d'un bien, ne concerne pas seulement les transports.

L'Europe du Nord propose pour les parties communes des immeubles certaines extensions qui font encore frémir l'Europe du Sud.

Ne va-t-elle pas jusqu'à défendre le principe de chambres d'amis partagées ? Puisque par définition, elles sont souvent vides, ne vaut-il pas mieux les sortir de l'appartement pour que chacun puisse les utiliser selon les vrais besoins ?

Entre sphère publique et sphères privées de nouveaux équilibres sont à trouver. La bonne ville est à ce prix.

Retisser

Montfermeil, Clichy-sous-Bois.

Au nord de Paris, deux villes qui se touchent. On dirait, dans le même département de la Seine-Saint-Denis, que l'une continue l'autre.

Deux villes jumelles.

Montfermeil.

Surface : cinq kilomètres carrés et demi. Vingt-sept mille habitants. Revenu moyen mensuel par ménage : deux mille six cents euros.

Clichy-sous-Bois.

Surface : quatre kilomètres carrés. Trente mille habitants. Revenu moyen mensuel par ménage : mille huit cents euros.

Deux villes aussi proches (géographiquement) de la richesse : à quinze kilomètres du cœur de Paris, quinze kilomètres de l'aéroport Roissy-Charles-de-Gaulle, quinze kilomètres d'Euro Disney.

Et pourtant deux villes également loin de tout. Faute de transports dignes de ce nom, on met des heures à rejoindre sa destination, quelle qu'elle soit.

Deux villes au cœur du brasier.

Le 27 octobre 2005, pour échapper à la police, deux jeunes croient trouver refuge dans un transformateur EDF de Clichy. Ils y sont électrocutés. S'ensuivent trois semaines d'émeutes qui vont s'étendre et dégénérer. Un couvre-feu est bientôt décrété. Une nouvelle fois, la France et le monde, éberlués, découvrent les violences accumulées dans les banlieues. Trois cents bâtiments et dix mille véhicules incendiés, cent cinquante blessés…

Le calme revenu, il faut comprendre. Et tenter de remédier.

Notons que, depuis toujours, Clichy vote à gauche : Olivier Klein (PS) y a succédé à Claude Dilain (PS). Tandis que Montfermeil vote « à droite ». Xavier Lemoine (UMP) fut directeur de cabinet du maire (Pierre Bernard) avant de lui succéder en 2002.

Preuve, s'il en était besoin, que, malgré les ressemblances, chaque ville a son histoire.

Preuve aussi que les convictions n'empêchent pas le travail commun quand il s'agit de la République.

Il était une fois Montfermeil. Autrement dit : « le fermoir du mont ». Un haut plateau, entre les vallées de l'Ourcq et de la Marne. Le site est verdoyant, agrémenté de plans d'eau et bordé par la forêt de Bondy. Une abbaye s'y installe. Puis un château, construit par Chamillart, le conseiller de Louis XIV. Pauvre château ! Dix fois vendu et autant de fois revendu suite aux allées et venues de la fortune. Bientôt son parc est morcelé en lotissements. C'est que Montfermeil est devenu un lieu de villégiature apprécié des Parisiens. On y vient prendre le frais et canoter. Les guinguettes ne désemplissent pas. De belles maisons bourgeoises s'élèvent. Il y a du Chatou dans ce Montfermeil de la Belle Époque. Les peintres adorent. Un tramway vous transporte depuis la place de l'Opéra…

Ce petit paradis ne va pas résister aux constructions nouvelles, massives et irréfléchies. La progression démographique est d'abord régulière. Montfermeil compte cinq cents habitants en 1750 et seulement mille cinq cents au début du XXe siècle. Le rythme s'accélère après 1920. Quand commence la Deuxième Guerre mondiale, les Montfermeillois sont déjà plus de six mille. Nouvel élan à partir de 1960 : il faut accueillir les immigrés. On doit construire en masse et le moins cher possible. Et manque de chance pour Montfermeil : le foncier n'y manque pas. Ainsi surgit de terre, en 1965, la résidence des Bosquets : six mille logements accumulés dans des tours. Sans aucune infrastructure d'accompagnement. Un exemple ? Le transport. On avait tout promis aux élus : trains, routes et autoroutes, métros… Rien n'arrivera. Résultat : une ville déchirée au milieu de nulle part, une population soudain quintuplée, des communautés qui se referment et se haïssent les unes les autres, des précarités qui se concentrent et s'exacerbent. Il suffit d'une allumette pour allumer la bombe. Il suffit d'une colère. Elle éclatera le 27 octobre 2005. Personne ne s'étonnera qu'elle explose d'abord aux Bosquets.

Que faire ?

Le diagnostic était déjà posé par le ministre de la Ville Jean-Louis Borloo. Il faut dire qu'en tant que maire de Valenciennes, il avait déjà dû lutter contre les ghettos sociaux et les désespérances de la jeunesse. C'est en décembre 2004, soit un an avant les « événements », qu'est signé avec l'ANRU (l'Agence nationale pour la rénovation urbaine) un programme de 670 millions d'euros…

Je suis venu en 2006, avant le début des travaux. Je me souviens : l'endroit était cauchemardesque et dangereux. Pour rétablir un semblant de calme, Xavier Lemoine avait pris certaines mesures qui avaient fait parler. Dont un arrêté interdisant aux mineurs de circuler en bandes entre vingt heures et cinq heures du matin s'ils n'étaient pas accompagnés d'adultes.

Neuf ans plus tard, la préoccupation de la sécurité demeure, bien sûr. Des policiers supplémentaires ont été embauchés, une cinquantaine de caméras installées. Mais l'essentiel n'est pas là. Il fait désormais bon vivre aux Bosquets. Un signe : le gris général des façades a laissé la place à des couleurs vives. Les barres sinistres ont, presque toutes, été démolies et remplacées par des immeubles de trois ou quatre étages. Des voies ont été ouvertes pour en finir avec le coupe-gorge, repaire des trafiquants. Des transports arrivent déjà au cœur de la cité. Ils vont se multiplier : branche du tramway T4, connecté avec les RER E et C ; gare prévue du Grand Paris Express qui permettra de gagner facilement les bassins d'emploi de la Défense et de Roissy. Les formes juridiques ont aussi été changées pour correspondre aux réalités. Finies, les copropriétés dégradées qui avaient accumulé des dettes que personne n'était en mesure de rembourser ! Même si beaucoup reste encore à faire pour améliorer le respect de la vie en commun. Les associations revendiquent : il suffit d'une famille pour dégrader la vie d'un ensemble. Pourquoi ne dispose-t-on pas de moyens suffisants pour les faire changer de comportements ; ou, à défaut, les chasser ?

Les grandes résidences ayant été améliorées, il faut s'attaquer maintenant aux zones pavillonnaires. Les premiers propriétaires ayant déguerpi, les marchands de sommeil avaient investi la zone. Un à un, il a fallu les faire partir. La question n'est pas réglée pour autant. Le faible prix de ces pavillons a attiré de nouveaux propriétaires. Mais ils se rendent vite compte que la facture de chauffage dépasse leurs moyens car ces bâtiments sont des passoires. De plus en plus, se développe une nouvelle forme de précarité, la précarité énergétique. Dans ce domaine aussi, de gros investissements s'imposent.

Et une attention nouvelle doit être portée aux places, car elles relient les quartiers. À cet égard, la conception d'un grand rond-point, dit « Notre-Dame-des-Anges », exemplaire. Cet espace relie les Bosquets (rénovés) au centre ancien de la ville. Une attention particulière a été portée aux rez-de-chaussée. Des commerces de qualité y ont été invités. Une boulangerie-pâtisserie, un centre de beauté… ils prospèrent.

Ainsi se construit et se reconstruit Montfermeil.

Ainsi la ville retrouve sa fierté, elle qui était devenue le symbole de l'abomination. Plus que jamais, le maire est le tisseur. Tisseur d'un tissu qui souvent s'étire, s'étire jusqu'à la rupture. Peu de communes proches de Paris possèdent autant d'espaces aussi « campagnards », voire franchement ruraux. C'est la France traditionnelle, surmontée par son moulin à vent. Et à deux pas, voici le marché, où se croisent et se recroisent en bonne intelligence plus de cent nationalités d'origines diverses.

De nouveaux bâtiments, enfin humains, c'est bien et ô combien nécessaire. Mais le cadre de vie n'est pas la vie.

Beaucoup de femmes continuaient à ne pas parler français, alors qu'elles vivaient dans notre pays depuis des décennies. Les offres de cours se sont multipliées et rencontrent un vif succès même s'il faut parfois convaincre les maris que la connaissance de la langue ne doit pas s'arrêter à la possibilité de remplir des formulaires administratifs. D'ailleurs pour les hommes, des sessions du soir ont aussi été ouvertes.

Vers la mi-février, la mairie organise, parrainé par LVMH, le défilé Cultures et Création. Les communautés défilent dans leurs plus beaux vêtements traditionnels. Occasion de retrouver et de proclamer leurs racines. Mais l'avenir est là, aussi, et un avenir commun. Car la deuxième partie du défilé, c'est l'invention. À partir d'un thème choisi et bien sûr différent chaque année. Par exemple les menaces sur l'environnement ou les nouveaux matériaux.

Autre rendez-vous annuel de la ville tout entière, un son et lumière… Et tout le monde attend la rénovation de la tour Utrillo. C'est un bâtiment délabré acheté par

Frédéric Mitterrand, alors ministre de la Culture. Avec le plein accord des deux municipalités, il voulait en faire une résidence d'artistes, une sorte de villa Médicis... Faute de budget, le projet patine.

Vous voulez en savoir plus sur Montfermeil ? Intéressez-vous donc au collège privé Alexandre-Dumas. Il accueille des enfants de toutes origines qui ont la même caractéristique d'être tous un peu « turbulents ». Au bout de quelques semaines, leur énergie est canalisée. Il faut dire que les parents sont très impliqués. Et certaines pratiques rappellent le « bon vieux temps ». On salue le drapeau chaque matin. Les jeunes prêtent serment. Et ils portent un uniforme, même si les très intelligents pédagogues l'ont adapté aux goûts du jour et du lieu ; c'est un sweat à capuche, violet pour les filles, vert pour les garçons.

NB : le directeur est catholique ; la grande majorité des élèves musulmans ; les coûts de scolarité (financés en grande partie par des dons) ne s'élèvent qu'à sept cent cinquante euros par an et des bourses sont possibles. Vive la fondation Espérance banlieues !

Qu'est-ce que la politique ? L'art du possible.

Pendant ce temps, Clichy-sous-Bois...

Comment fabriquer une ville à partir de villégiatures ?

Jusque dans les années 1930, Clichy-sous-Bois accueille des châteaux (avec leurs parcs) et des maisonnettes en meulière (avec leurs jardinets). Ainsi, l'actuelle mairie fut pavillon de chasse. Les vrais riches et ceux qui le sont moins viennent goûter le bon air, les promenades dans la forêt de Bondy, les déjeuners dans des guinguettes au bord d'une des eaux voisines. Le tramway « Opéra-Montfermeil » s'arrête à Clichy-sous-Bois.

Les années passent. Les demeures quasi princières deviennent de plus en plus coûteuses. Il faut bien se résoudre à vendre. Des espaces se libèrent. Bonne nouvelle – s'exclament en même temps gouvernements et promoteurs. La population s'accroissant, il faut bien la loger.

C'est ainsi que l'architecte Bernard Zehrfuss, l'homme du CNIT (à la Défense), construit le Chêne-Pointu, une résidence de grands immeubles (cent soixante-dix logements par bâtiment). Et le cauchemar commence, celui de la copropriété. Pour acquérir les appartements, qui représentent pour eux un grand progrès, des gens se sont endettés au maximum. Ils sourient d'abord en constatant leur confort nouveau. Mais ils n'ont pas pensé aux charges, aussi élevées que les immeubles. C'est d'ailleurs en partie la faute aux ascenseurs qui tombent toujours en panne. Quand on ne peut plus payer, il faut bien s'en aller. On vend, à perte. À d'autres propriétaires qui succombent au même mirage. Hélas, ils sont (encore) moins riches que les précédents. Plus personne ne paie les charges ? La résidence se dégrade. Le cercle vicieux s'accélère. Au cœur de cet endroit charmant qui voulait être une ville se sont concentrées la détresse sociale, la saleté (innommable) et bien sûr l'insécurité.

Dans l'autre grande résidence, la Forestière, la situation n'est pas meilleure.

Soyons justes : la copropriété et l'architecte ne sont pas seuls responsables. Il fallait construire au plus vite, et le moins cher possible. C'est pour cela qu'ont surgi de terre ces tours d'autant plus angoissantes que trop proches les unes des autres : on faisait des économies si on pouvait élever trois ou quatre bâtiments sans changer la grue de place ! L'État avait promis une autoroute et des moyens de transport. Ils ne sont jamais venus. Le piège s'est refermé sur le rêve immobilier. Comme à Montfermeil, on doit passer des heures pour rejoindre son lieu de travail.

Et de loin en loin entre les « résidences » survivent des oasis, des quartiers bucoliques où il fait bon vivre.

Comment éviter qu'au moindre incident la colère explose ?

Comment, à partir de toutes ces différences, plutôt, de toutes ces déchirures, faire une ville ?

Des élus s'y emploient, avec un dévouement, une obstination et une inventivité qui forcent le respect.

Parlons de Claude Dilain, maire au moment des émeutes de 2005, récemment décédé d'une faiblesse cardiaque, on peut dire mort à l'ouvrage.

Parlons d'Olivier Klein, son adjoint pendant longtemps, ancien professeur de physique et maire à son tour.

Outre l'offre des services essentiels, qu'est-on en droit d'attendre d'une *vraie* ville, une ville qui ne serait pas un archipel né du hasard de l'histoire et des impérities des gouvernants ?

Il faut des logements dignes. D'où la mise à mort des « grands ensembles » et leur remplacement par des bâtiments plus petits, moins chers à entretenir, répondant souvent aux normes HQE. D'où l'appel à une nouvelle génération d'architectes moins sensibles au monumental qu'à l'humain et à l'espace partagé dans l'optique d'un « urbanisme de rue ». Ils ont su réaliser de beaux, de très beaux bâtiments. Et la guerre est déclarée aux copropriétés qui ne seront jamais solvables. Avec la nécessité de reloger. Savez-vous que la municipalité de Clichy a dans ses dossiers quatre mille demandes de logement alors qu'elle n'en peut proposer chaque année que… cinquante ?

Pour fabriquer une ville, il faut que les habitants puissent y trouver des… médecins. Une ancienne villa de maître vient d'être rénovée. Dix-neuf professionnels de santé y travaillent, dont un ophtalmo, le premier à Clichy-sous-Bois depuis… personne ne sait. Peut-être depuis toujours.

Pour faire une vraie ville, il faut donner à ses enfants un enseignement qui leur ouvre les portes, qui leur donne une chance de casser la spirale de l'échec et du chômage (vingt-sept pour cent de chômeurs au Chêne-Pointu et soixante-dix pour cent des copropriétaires sous le seuil de pauvreté). Les habitants de Clichy sont jeunes donc les enfants sont nombreux : cinquante-six écoles les accueillent, pas moins. Imaginez la charge budgétaire pour une commune de seulement vingt-sept mille habitants. Des villes deux fois plus grandes n'ont pas cette obligation. Olivier Klein s'insurge : pourquoi les plus studieux de nos jeunes devraient-ils aller ailleurs (loin) pour trouver la classe préparatoire qui multipliera leurs chances ? Oui, il faut une « prépa » à Clichy-sous-Bois ! Vous ne trouvez pas scandaleux que les jeunes choisissent leur filière professionnelle en fonction des seuls moyens de transport ?

Pour faire une vraie ville, il faut des transports. Pour réunir les quartiers. Pour ouvrir les ghettos. Pour rapprocher du travail. Pour faire entrer l'air du dehors. Pour brasser les vies. Sur ce point, les nouvelles sont bonnes. Un tramway va revenir. Un métro va arriver. On dirait que la nation, soudain honteuse, se souvient de ses promesses anciennes et se dit prête à les honorer. Avec cinquante ans de retard : deux générations sacrifiées.

Pour faire une vraie ville, il faut aussi de l'activité rentable et pas seulement associative. Et pas seulement des commerces une ou deux fois la semaine au marché. Et pas seulement des boucheries halal. Le maire, qui adore la viande et la charcuterie, se désole de devoir chercher chez Leclerc les saucissons et les steaks qui correspondent à ses goûts.

Pour faire une vraie ville, il faut que s'y installent des entreprises, c'est-à-dire des emplois tout proches, des revenus pour la municipalité, et l'image d'une dynamique en marche. Mais comment attirer des investisseurs dans une ex-villégiature connue depuis le Moyen Âge par son pèlerinage à Notre-Dame-des-Anges et non par sa vocation industrielle ? Une ville peut-elle vivre sans ressources économiques autonomes ?

Comme à Montfermeil, et dans des milliers d'autres communes, les élus se battent, jour après jour.

Oui, la politique est l'art du possible.

Et c'est ainsi que peu à peu se fabrique à Clichy-sous-Bois comme à Montfermeil un morceau de République. Oh une République fragile ! Chaque jour remise en cause par les dérives communautaires. Une République, par exemple, qui ne doit pas céder sur certains principes. Comme à la future piscine, fruit d'une bataille de dix ans. Ou dans les cantines. Le respect, oui. Mais non aux intimidations.

À certains, par exemple dans les localités voisines plus favorisées, cette République fait peur. Au fond, ils préféraient l'archipel, la juxtaposition de « réserves », comme on dit en Amérique, pour les territoires qu'on a bien voulu laisser aux Peaux-Rouges.

Libre à eux de cultiver la nostalgie.

Plus que jamais, visitant ces deux villes, ma conviction profonde est qu'une ville est une entreprise quotidienne de tissage. Surtout s'il s'agit de villes blessées. Seules les équipes municipales, incarnées par le maire, peuvent mener cette mission. Comment imaginer que des métropoles, lointaines et bureaucratiques, pourront les remplacer ? Les villes ne sont pas des arrondissements. Et leur premier élu n'est pas un chef de bureau.

À Clichy-sous-Bois – maire de gauche –, à Montfermeil – maire de droite –, s'invente, et se défend, la République. Les deux élus n'ont pas toujours les mêmes réponses aux mêmes questions. Mais il faut les voir se saluer, chaleureux, à la frontière de leurs communes, au milieu du marché, pour voir tout de suite que l'essentiel les rassemble.

Admiration.

Le miel de Saint-Denis

C'est la mode aujourd'hui : on installe des ruches en ville. Grâce au développement des jardins, les abeilles trouvent de quoi butiner, sans avoir à trop redouter herbicides et insecticides. Ainsi, qui le croit ?, l'Opéra de Paris produit sur son toit un miel apprécié par les gourmands, et pas seulement balletomanes. Et une association s'est créée pour promouvoir cette agriculture urbaine. Elle s'est choisi une devise qui n'est pas dénuée de saveur : « On ne prête qu'aux ruches. »

La ville de Saint-Denis a suivi ce courant. Mais son miel avait une saveur à nulle autre pareille. D'où pouvait-elle venir ? On convoqua des chimistes. Ils perdirent leur latin. Quelqu'un suggéra une hypothèse, qui fut validée : les abeilles de Saint-Denis se nourrissaient des fruits du marché local. Lesquels sont si nombreux, venus de tellement d'endroits de la planète, que leurs saveurs conjuguées offrent un parfum inconnu. Didier Paillard, le maire jusqu'à l'année dernière, me l'a précisé : sa ville accueille cent trente nationalités. Vous qui aimez la diversité, imitez les abeilles, promenez-vous dans son marché le dimanche matin. Vous y croiserez un bel échantillon de l'humanité, une arche de Noé ! Comme vous imaginez, j'ai suivi son conseil. Et m'en suis trouvé plus riche. C'est à deux pas que des meurtriers du 13 novembre 2015 avaient installé leur base arrière. À deux pas de la vie même s'organisait la mort.

Le miel et le marché ne sont pas les seules raisons de mon amour pour cette ville.

Comme sans doute aucun autre lieu de France, Saint-Denis raconte l'histoire de notre pays. Et, à la différence de tant d'autres, elle n'en a pas effacé les traces. Au contraire, elle les présente, elle en explique le contexte, elle donne à voir, donc à comprendre. Des temps les plus lointains, jusqu'aux violences de notre modernité, Saint-Denis incarne les heurs et les malheurs d'une cité à travers les âges. Une abbaye, les souvenirs d'une des plus vastes foires du Moyen Âge, la basilique où l'on sacrait les rois avant de les enterrer, un carmel, le pensionnat de la Légion d'honneur… jusqu'à la toute nouvelle Cité du cinéma de Luc Besson en passant par les ruines de l'ancienne économie, les sombres silhouettes des ultimes usines à gaz.

Saint-Denis la diversité, comme nous le disent les abeilles. Mais aussi Saint-Denis la continuité, comme nous le rappelle, sans cesse, la municipalité.

C'est de cet ancrage solide dans chacun des sédiments du temps, sans en occulter aucun, que vient sans doute le dynamisme « dionysien ». C'est aussi de cette idée, apprise du si long spectacle des siècles, que rien n'est acquis, ni l'opulence ni la misère. On peut toujours, une fois le fond touché, taper du pied et revenir à la surface. Les usines ont fermé ? Rien ne sert de gémir. Elles libèrent des friches, c'est-à-dire de l'espace, en d'autres termes un trésor ! À deux pas de Paris ! Tu peux trembler, la Défense ! Le nouveau quartier d'affaires est ici, chez nous. Pour moins cher et bien mieux équipé puisque nous bénéficions des dernières inventions, notamment dans l'interaction des réseaux. Et demain, la grande gare de Pleyel n'accueillera pas seulement des voyageurs. Elle deviendra un pôle majeur d'activités.

Rien de plus réconfortant, en ces périodes de prétendu « suicide français », que de voir les grues à l'œuvre dans la plaine ! Les lendemains se préparent. Je ne sais pas s'ils chanteront mais ils démentiront l'insupportable et complaisant refrain du déclin.

Laurent Russier, le nouveau maire de Saint-Denis, est communiste. Patrick Braouezec, président de l'agglomération, est communiste. Deux communistes « chinois ». Ils aiment l'avenir et les entreprises. Et savez-vous pourquoi, bien souvent, les communistes aiment plus l'entreprise que les socialistes ? Parce qu'ils y ont travaillé. Ils savent que sans elle, pas d'emploi. La répartition du profit, c'est une autre affaire !

Renouer avec la vie

Il était une fois la vie.

Il était une fois la ville.

Comme dans la vie, il faut savoir se relever lorsqu'un coup vous a frappé. Un coup frappé par la vie. Car la vie s'y entend pour frapper. À croire que la vie et la mort ont partie liée. Tous les biologistes vous diront que c'est d'ailleurs le cas.

New York, Madrid, Paris, Londres, Manchester… après un attentat, même le plus horrible, la bonne ville doit trouver au plus profond les ressorts pour recommencer à vivre. Ne serait-ce que pour ne pas offrir aux agresseurs la joie d'avoir vaincu.

La Nouvelle-Orléans, Fukushima, Toulouse… Après une catastrophe, climatique ou industrielle, il faut repartir à l'assaut des jours, retrouver pour les enfants le chemin de l'école.

Le psychiatre et psychanalyste Boris Cyrulnik a nommé *résilience* cette capacité qu'ont certains d'entre nous de se reconstruire après les drames.

La ville est l'incarnation même de la résilience. Sans cesse à bout, à bout de tout. Et sans cesse renaissante.

Conclusion

Bienvenue dans la *vie moderne* !

Tout au long du Moyen Âge, certaines villes ont concentré l'essentiel du pouvoir, économique et politique. Les États, encore naissants, peinaient pour affirmer leur autorité sur les diverses féodalités.

Épuisés par des guerres incessantes, de ce fait endettés jusqu'à la corde, ils devaient composer avec la puissance de cités plus ou moins indépendantes.

Florence, Lyon, Cologne…

Sans parler des ports : Hambourg, Amsterdam, Anvers, Bruges et Gand avant leur ensablement, Gênes, Venise…

Même si l'histoire ne se répète pas, notre époque n'est pas sans ressemblances avec ces temps lointains. D'un côté, des gouvernements affaiblis par la suite ininterrompue de déficits budgétaires. Les guerres à mener aujourd'hui étant moins souvent militaires que sociales, comment financer les solidarités nécessaires ? De l'autre, la dynamique des territoires rassemblés autour d'une métropole. Avec en ligne de mire la réussite insolente de cités-États, au premier rang desquelles Singapour.

La vitalité de nos villes puise dans ces souvenirs glorieux mais aussi dans les nécessités présentes.

Pour exister dans le monde impitoyable d'aujourd'hui, il faut unir ses forces autour de pôles, au cœur d'*espaces* pertinents pour le *développement*, mais aussi pour la *solidarité*. Espaces ni trop vastes – on s'y disperse ; ni trop restreints – on ne pèse pas, on devient esclave des rapports de force économique. Ainsi revient, à grand galop, la géographie, si souvent dédaignée alors qu'elle seule permet l'histoire.

Progressivement, les États confient aux villes des responsabilités que jusque-là ils assuraient. Progressivement, les villes s'affranchissent de l'autorité des États. Un exemple ? La lutte contre le réchauffement. Lorsqu'une administration, comme celle de Donald Trump, menace de remettre en cause l'Accord de Paris (Cop21), les villes américaines protestent et s'unissent en *coalition*. Elles n'ont pas le choix : ce sont elles qui souffrent d'abord des dérèglements climatiques. Et causes principales du *problème*, elles portent en elles une bonne part des *solutions*. Et les relations internationales ne vont-elles pas se voir doublées, sinon supplantées, par des accords entre cités ? Les réseaux constitués entre les maires se révèlent chaque jour plus puissants. Et si les maires gouvernaient le monde ?

Rien de plus sain que ce rééquilibrage entre les États et les villes. Mais quelles villes ? Comment éviter que certaines villes, tels certains quartiers, ne tombent aux mains de certains clans, religieux ou autres ? Lisez *La Communauté*[1], cette glaçante et formidable enquête

1. Albin Michel, 2018.

de Raphaëlle Bacqué et Ariane Chemin décrivant les dérives de Trappes (ville des Yvelines, 32 346 habitants). Moins inquiétant, comment répartir les nouveaux rôles ? Comment éviter les superpositions, les redondances qui, pire encore qu'entraîner des coûts de plus en plus insupportables, noient les responsabilités ?

Comment choisir la « bonne » taille des métropoles vers lesquelles on semble aller ? Comment fixer leurs limites, quelles localités périphériques inclure, quelles autres rejeter dans la solitude du dehors et pour quelles raisons ?

Comment éviter les démesures, insupportables pour les populations, du fait, notamment, des pollutions ?

Les menaces environnementales contraindront-elles divers pays, en commençant par la Chine, à plus d'humilité dans les projets urbains ? Le Parti dénonce aujourd'hui « la maladie de la grande ville » : interdiction de dépasser... vingt million d'habitants ! Et n'oublions pas les analyses d'un Laurent Davezies qui montrent, contrairement à l'opinion généralement admise, que les métropoles ne concentrent pas forcément la richesse ni le développement !

Que deviendront les territoires, perdus entre ces centres ? Et quel sera le destin des localités moyennes ou modestes dispersées au sein de ces étendues de plus en plus vides ? Une nation comme la France n'est pas une somme de treize ou quatorze Singapour. Que faire des vingt à vingt-cinq millions de Français exclus des dynamiques métropolitaines ?

Comment, sur quels fondements s'organiseront les solidarités ?

Sous le couvert d'affirmations identitaires, certaines volontés d'indépendance régionale relèvent d'une ambition très simple et tout à fait prosaïque : refuser de continuer à venir en aide à des parties moins favorisées du pays. Ainsi la Flandre en Belgique, la Catalogne en Espagne. Avec, au bout de la logique, la sécession de la ville principale : pourquoi Anvers se sacrifierait-elle pour les Flamands les plus pauvres ? Et pourquoi Barcelone ne garderait-elle pas sa richesse ?

Autre question, et non des moindres : comment les chefs d'État, les maires et les maîtres des *données*, GAFA et autres, vont-ils se partager le pouvoir ? Après tout, ces fameuses *data* sont émises par les habitants. Ne devraient-ils pas en demeurer les propriétaires ou du moins, si la vie privée n'est plus qu'un rêve dépassé, en tirer quelques bénéfices ?

Rien n'a changé depuis l'origine de la démocratie : elle est par nature fragile, toujours à réinventer, et toujours inscrite dans un espace : forum ou agora, États-nations ou confédérations (dont l'européenne).

Si notre démocratie doit être refondée, et telle est bien la nécessité pour ceux qui refuseront toujours de céder aux séductions des dictatures, même *éclairées*, il faut d'abord choisir la géographie où il s'agira de la faire vivre. Sans oublier que, numérique aidant, le *virtuel* est lui aussi devenu espace, un espace de plus en plus *réel*.

Bref, au travail !

E. O.

Bibliographie

Benjamin R. Barber, *Et si les maires gouvernaient le monde ? Décadence des États, grandeur des villes*, Rue de l'Échiquier, 2015.

Frédéric Bonnet (dir.), *Atout risques : des territoires exposés se réinventent*, Parenthèses, 2016.

Italo Calvino, *Les Villes invisibles*, Gallimard, coll. « Folio », 2013.

Marie Chabrol, Anaïs Collet, Matthieu Giroud, Lydie Launay, Max Rousseau, Hoving Ter Minassian, *Gentrifications*, Amsterdam, 2016.

Laurent Davezies, *La crise qui vient : la nouvelle fracture territoriale*, Seuil, 2012.

Mike Davis et Daniel Bertrand Monk (dir.), *Paradis infernaux : les villes hallucinées du néo-capitalisme*, Les Prairies ordinaires, 2009.

Philippe Estèbe, *Gouverner la ville mobile : intercommunalité et démocratie locale*, PUF, 2008.

La Fabrique de la cité, « Quelles solutions pour la mobilité du quotidien sur les distances intermédiaires (entre 10 et 100 km) ? », synthèse de l'atelier « Hacking du projet de loi Mobilité », 23 novembre 2017, www.lafabriquedelacite.com.

Tim Flannery, *Les Faiseurs de pluie : comprendre et préserver l'équilibre climatique*, Seuil, coll. « Points », 2007.

Geoffrey Galand, *La Ville renaturée : réconcilier l'espace urbain et la biodiversité*, éd. de La Martinière, 2015.

Jan Gehl, *Pour des villes à échelle humaine*, Écosociété, 2012.

Jean-Yves Grandidier et Gilles Luneau, *Le vent nous portera : le pari gagnant de la transition énergétique*, Alternatives, 2017.

Dominique Lorrain (dir.), *Métropoles XXL en pays émergents*, Les Presses de Sciences Po, 2011.

— , *Métropoles en Méditerranée : gouverner par les rentes*, Les Presses de Sciences Po, 2017.

Bénédicte Manier, *Un million de révolutions tranquilles : comment les citoyens changent le monde*, nouv. éd. augm., Les Liens qui libèrent, 2016.

Ariella Masboungi (dir.), *Projets urbains durables : stratégies*, Le Moniteur, 2012.

Olivier Mongin, *La Ville des flux : l'envers et l'endroit de la mondialisation urbaine*, Fayard, 2013.

Antoine Picon, *Smart Cities : théorie et critique d'un idéal auto-réalisateur*, B2, 2015.

Peter Schwartz et Doug Randall, *Rapport secret du Pentagone sur le changement climatique*, Allia, 2006.

Carolyn Steel, *Ville affamée : comment l'alimentation façonne nos vies*, Rue de l'Échiquier, 2016.

Jean-Jacques Terrin (dir.), *Villes inondables : prévention, adaptation, résilience*, Parenthèses, 2014.

Bibliographie

Pierre Veltz, *Mondialisation, villes et territoires : l'économie d'archipel*, PUF, 2005.

La Ville fertile : vers une nature urbaine, catalogue de l'exposition « La Ville fertile », Cité de l'architecture et du patrimoine, 23 mars-24 juillet 2011, commissaires Michel Péna et Nicolas Gilsoul, Paysages Actualités-Cité de l'architecture et du patrimoine, 2011.

Merci

Ce livre est né d'innombrables voyages au service de ce projet fou : raconter la « mondialisation ». Comment pouvais-je manquer les villes, principaux personnages, pour le meilleur et pour le pire, de ce bouleversement ?

À toutes ces informations glanées aux quatre coins de la planète, il fallait un cadre, une connaissance, des perspectives, un recul, une culture qui manquaient au petit reporter que j'étais devenu. C'est alors que Gérard Mestrallet, président de GDF Suez (aujourd'hui ENGIE) et le plus imaginatif de ses directeurs, Jean-Louis Blanc, décidèrent, en 2012, de rassembler des experts indépendants pour réfléchir à une vision intégrée de la ville. Ainsi vit le jour un Conseil de stratégie et d'innovation urbaine, rassemblant quinze personnalités venues d'horizons géographiques et professionnels les plus divers mais toutes rassemblées autour des mêmes ambitions : comprendre les dynamiques de la ville d'aujourd'hui, tenter de prévoir son évolution, proposer des règles pour bâtir des cités « modernes » mais d'abord humaines, en évitant certains cauchemars annoncés (dont certains sont déjà bien réels).

Quatre ans durant, nous avons échangé. Imaginez le privilège de recueillir l'expérience d'une ministre mexicaine du Logement (Sara Topelson), du secrétaire général du plus important réseau mondial de villes (Joseph Roig, Cités et gouvernements locaux unis), d'un professeur d'architecture à Princeton (Mario Gandelsonas), du conseiller « villes » de la Banque mondiale (Daniel Hoornweg), d'un des responsables du développement urbain de Singapour (Teng Chye Khoo), d'un Italien, secrétaire général de l'association des gouvernements locaux pour le développement durable (Gino Van Begin), d'une Ougandaise, spécialiste, pour l'ONU, du rôle des femmes dans les villes (Thelma Awori), d'une Indienne, professeur de philosophie urbaine à Columbia (Smita Srivina), d'un Chinois président de la « campagne globale urbaine » lancée par les Nations unies (Nicholas You), de deux paysagistes mondialement réputées (Jana Revedin et Margie Ruddick).

Sans oublier quelques compatriotes d'envergure : Brigitte Bariol-Mathais (urbaniste), Dominique Lorrain (directeur de recherche au CNRS), Jean-Robert Pitte (président de la Société de géographie), Marie-Hélène Contal (architecte)…

MERCI, MERCI à tous.

Et MERCI au trio magique qui animait ce groupe : Stéphane Quéré, Valentine Agid-Durudaud, Bertrand Porquet !

E. O. et N. G.

Table

Imprimé en France par CPI
en février 2018

Composition réalisée par Nord Compo à Villeneuve-d'Ascq

N° d'édition : 56719/01 – N° d'impression : 3026787